大疆

Osmo Pocket 3+ Action 5 Pro

Vlog拍摄一本通

雷波◎编著

化学工业出版社

·北京·

内容简介

本书内容围绕大疆 Osmo Pocket 3 和 Action 5 Pro 两款产品展开，分为两部分。第一部分为功能解析，深入剖析了两款设备的具体功能，包括主界面介绍、按键功能、拍摄模式设置、系统参数调整，以及核心配件与场景搭配等方面的内容。其中，Osmo Pocket 3 的功能全解析涵盖了基础模式（视频、照片、全景等）和进阶模式（智能跟随、延时摄影等），Action 5 Pro的核心功能则强调了超级慢动作、延时摄影和增广镜模式的应用。第二部分为拍摄实战技巧，专注于提升读者的实际操作能力，包含构图法则、运镜技巧等多个章节。

这些内容不仅教会读者如何根据场景选择合适的拍摄参数，还提供了丰富的案例分析和参数模板参考。尤其值得一提的是，书中较为详细地讲解了如何使用上述两款设备进行直播，这对于户外直播创作者来说尤其实用。

本书不仅适合自学，也可以作为开设了新媒体相关课程的院校的教材。

图书在版编目（CIP）数据

大疆Osmo Pocket 3+Action 5 Pro Vlog 拍摄一本通 / 雷波编著. -- 北京 : 化学工业出版社, 2025. 12.
ISBN 978-7-122-49096-4

Ⅰ. TB869; TP391.413

中国国家版本馆 CIP 数据核字第 202587Z4P3 号

责任编辑：王婷婷　　　封面设计：异一设计
责任校对：李雨晴　　　版式设计：盟诺文化

出版发行：化学工业出版社（北京市东城区青年湖南街13号　邮政编码100011）
印　　装：北京宝隆世纪印刷有限公司
710mm×1000mm　1/16　印张9　字数176千字　2026年1月北京第1版第1次印刷

购书咨询：010-64518888　　　售后服务：010-64518899
网　　址：http://www.cip.com.cn
凡购买本书，如有缺损质量问题，本社销售中心负责调换。

定　　价：78.00元

前　言

在全民进行视频创作的浪潮中，大疆 Osmo Pocket 3 和 Action 5 Pro 两款设备凭借精准的市场定位和卓越性能，成为许多内容创作者的必选装备。其中，Pocket 3 以 179 克的轻巧机身实现了 4K/120fps 的专业画质，配合智能跟随技术，让个人创作者也能轻松完成专业级拍摄；而 Action 5 Pro 则以其优秀的性能，在极限环境中依然能够拍出优秀的视频。

但在实际使用中，创作者们普遍面临三大挑战：

- 设备功能强大，但部分设备功能隐藏较深，调查显示 80% 的创作者未能充分利用设备性能。
- 面对丰富的配件系统难以做出最优选择。
- 只会基础的记录，无法上升到艺术表达的层面。

本书正是为解决这些痛点，而面向相关设备核心创作者群体撰写的专业讲解图书。全书以“设备功能 + 实战技巧”为核心框架，内容覆盖从产品基础操作到专业级拍摄的全流程。

全书分为五大部分：第 1 章全面解析 Osmo Pocket 3 的各项功能，包括部件介绍、主界面操作、多种拍摄模式（全景 / 拍照 / 视频 / 低光视频 / 慢动作 / 延时摄影）、系统控制中心设置、图像音频参数调节等核心功能，并重点讲解智能跟随、延时摄影等进阶玩法，以及通过 DJI Mimo App 实现手机遥控和直播的完整流程；第 2 章则深入剖析 Action 5 Pro 的硬件配置、拍摄模式（超级夜景 / 人物跟随 / 慢动作等）、系统设置优化及手机联动直播方案；第 3 章针对两款设备的配件系统进行专业指导，详细讲解 Pocket 3 的美颜柔光镜、增广镜、ND 镜套装、迷你三脚架、续航手柄等配件，以及 Action 5 Pro 的潜水套件、骑行胸带、GPS 蓝牙遥控器等专业配件的场景化搭配方案；第 4 章系统讲授摄影构图法则，从主体确立、三分法运用，到动态构图、光线运用等进阶技巧，并结合风景、人像、建筑等具体题材进行实战演示；第 5 章则聚焦视频语言，详解景别分类、镜头运动方式、景深控制等专业技法，帮助读者掌握影视级叙事表达。

尤其值得一提的是，书中较为详细地讲解了如何使用上述两款设备进行直播，这对于户外直播创作者尤其实用。

考虑到使用上述设备所拍摄的视频可能需要进行后期剪辑，本书附赠时长 5 小时以上的《AI 版剪映使用指南》在线视频课程。

编著者

目　　录

CONTENTS

第 1 章　Osmo Pocket 3 功能全解析

Pocket 3部件及主界面功能介绍 1

各功能区介绍 1

主界面功能 3

拍摄模式 4

全景 4

拍照 5

视频 5

低光视频 5

慢动作 6

延时摄影 6

系统控制中心 6

自定义模式 7

转屏开拍 7

亮度调节 7

自拍跟随开关 8

系统设置 8

横竖拍模式切换 8

云台转向速度 8

云台模式 9

系统设置 10

无线麦克风 10

云台开机方向 10

旋转屏幕关机 11

穿戴模式 11

滑块控制 11

自拍镜像 11

长按拍摄按键取消录像 11

机身收音备份 12

OTG 有线连接 12

无线连接 12

云台校准 12

摇杆速度 13

视频压缩 13

提示音 13

参考线 13

抗闪烁......14
时间码......14
素材命名管理......14
开录后熄屏......14
自动关机......15
LED灯......15
继续上次直播......15
恢复出厂设置......15
设备信息......15
图像及音频设置......16
曝光......16
白平衡......17
美颜......17
色彩......18
对焦模式......18
对焦呼吸补偿......19
图像调节......19
音频设置......20
格式......20
拍摄参数设置......21
画幅设置......21
分辨率设置......21
回放......22
延时摄影......23
静止延时......24
运动延时......25
轨迹延时......27
跟随模式......29
智能跟随......29
主角跟随......29
自拍跟随......30
预构图跟随......31
旋转运镜......32
利用手机遥控Pocket......34
下载专用App——DJI Mimo......34
连接DJI Mimo App......36
在DJI Mimo App中下载及编辑素材......38
DJI Mimo App相机界面......39
使用DJI Mimo App开启直播......40

第 2 章　Action 5 Pro 的核心功能与性能

Action 5 Pro部件及主界面功能介绍......43
前面板......43
侧面板......44
后置屏幕及主界面功能......45
拍摄模式......47
拍照......47
视频......47
超级夜景......47
人物跟随......48
慢动作......48
延时摄影......48
系统控制中心......49
自定义模式......49
快速切换......50
系统设置......51
屏幕方向锁定......51
锁屏......52
语音控制开关......52
系统设置......52
前屏全屏开关......52
SnapShot......52
单屏预览（锁屏后熄屏）......53

无线麦克风......53
增广镜......53
语音控制......54
深度&海拔设置......54
熄屏显示......55
开录后熄屏......55
机身收音备份......55
定时拍摄......56
U盘模式......56
无线连接......56
锁屏风格......57
码率......57
提示音......57
网格......57
时间码......58
素材命名管理......58
自动关机......58
地平线标定......58
继续上次直播......59
蓝牙遥控器......59
存储管理......59
恢复出厂设置......59
设备信息......60
图像及音频设置......60
曝光......61
白平衡......61
色彩......62
影调......63
增稳场景......63
图像调节......64
拍摄参数推荐......64
音频设置......65
拍摄参数设置......65
回放......69
人物跟随......70
超级慢动作......71
利用手机遥控 Osmo Action 5 Pro......72
连接DJI Mimo App......72
DJI Mimo App相机界面......73
使用DJI Mimo App开启直播......75

第 3 章　硬件拓展

Osmo Pocket 3核心配件与场景化搭配......76
Osmo Pocket 3美颜柔光镜......76
Osmo Pocket 3增广镜......76
Osmo Pocket 3磁吸 ND 镜套装......77
Osmo迷你三脚架......78
Osmo Pocket 3 续航手柄......78
磁吸补光灯......79

磁吸支架 79
延长杆 80
Action 5 Pro核心配件与场景化搭配 80
Osmo Action 增广镜 80
Osmo Action 多功能充电手柄 81
Osmo 头盔下巴固定夹 81
Osmo 柔性支架 82
Osmo Action GPS 蓝牙遥控器 83
Osmo Action 嘴咬式固定座 84
Osmo Action 迷你延长杆 84
Osmo Action 360° 腕带 85
Osmo Action 骑行胸带 86
Osmo Action 挂脖支架 86
Osmo Action 潜水配件套件 87

第 4 章　拍摄构图法则实战

了解摄影构图的主要概念 88
主体 88
陪体 89
前景 90
中景 92
背景 92
环境 93
留白 94
构图的基本原则 95
从无序中寻找有序确立画面主体 95
赋予画面形式美感 96
三分法则与画面平衡 97
三分法则的应用技巧 97
如何利用画面分割点突出主体 98
对称与非对称构图 99
对称构图的美感与适用场景 99
非对称构图的动态与张力 99
引导线与视觉流向 100
自然引导线的识别与利用 100
如何通过引导线增强画面深度 102
框架构图与层次感 103
利用前景框架增强画面层次 103
框架构图的创意应用 103
负空间与留白的艺术 104
负空间的作用与运用技巧 104
留白如何提升画面意境 105
动态构图与拍摄技巧 106
捕捉动态场景的构图方法 106
如何表现运动的瞬间与轨迹 107
构图与光线的关系 108
光线如何影响构图效果 108
不同光线条件下的构图策略 109
打破规则与创新构图 110
如何在构图中加入创意 110
打破传统规则的实验性构图 110
构图实战：风景、人像与建筑 112
风景摄影构图技巧 112
人像摄影的构图技巧 114
建筑摄影的构图技巧 115

第 5 章　认识各种视频景别及镜头

景别的分类与特点 116
远景 116
全景 117
中景 118
近景 119
特写 120

镜头的角度与表现力........121
平视镜头........121
仰拍镜头........122
俯拍镜头........123
斜拍镜头........124
镜头的运动方式........125
推镜头........125
拉镜头........126
摇镜头........127
移镜头........128
跟镜头........129
升降镜头........130
镜头的景深与焦点........131
深景深........131
浅景深........132
镜头的组合与叙事........133
镜头组接的基本原则........133
镜头语言的叙事功能........134
镜头的节奏与情绪表达........135

第 1 章　Osmo Pocket 3 功能全解析

Pocket 3 部件及主界面功能介绍

各功能区介绍

❶ 镜头

Pocket 3 镜头采用 1 英寸 CMOS 传感器，配备等效 20mm 焦段、F2.0 光圈，提供了宽广的视野和出色的弱光成像能力。支持 4K/120fps 视频拍摄，并具备 10bit D-Log M 和 HLG 色彩模式，便于后期调色。此外，其机械增稳系统和全像素相位对焦技术确保了画面的稳定性和快速精准地对焦。

❷ 可旋转触摸屏

屏幕是一块 2 英寸可旋转 OLED 触摸屏，支持 100% P3 广色域显示，色彩表现丰富且操作直观。屏幕的旋转设计不仅用于横竖拍快速切换，还能通过旋转直接开机或关机，提升了操作的便捷性。此外，触控交互简化了参数调整和模式切换，配合智能跟随等功能，适合单手操作。

❸ 扬声器

扬声器位于按键上方，可以直接播放音频或外放录制的声音，用于回放时收听录制的视频的声音。

❹ 状态指示灯

状态指示灯通过不同颜色和闪烁的方式提示设备状态：绿灯常亮表示准备就绪，绿灯灭一次表示拍照，红灯慢闪表示正在录像，红灯快速闪烁 3 次提示关机或低电量关机，红绿灯交替闪烁表示正在升级；

在电量显示方面，红灯亮 3 秒后熄灭表示电量在 0 ~ 19%，黄灯亮 3 秒后熄灭表示电量在 20% ~ 49%，绿灯亮 3 秒后熄灭表示电量在 50% ~ 100%。

❺ 五维摇杆

五维摇杆按键是核心操控部件，左右拨动可以控制镜头在平移轴方向上运动，上下拨动可以控制镜头在俯仰轴方向上运动或者控制数码变焦，单击为返回功能，双击可以让云台恢复至当前朝向中位，三击可以让云台相机切换前后朝向，长按将锁定镜头朝向。

❻ 拍摄按键

拍摄按键在拍摄就绪状态下，短按一下为拍照或开始录像；在拍摄状态下，长按可拍摄；在关机状态下，短按一下为开机；在开机状态下，长按 1 秒为关闭相机。

❼ 麦克风

麦克风采用 3 阵列设计，支持全指向立体声收音，能有效抑制风噪并适应户外复杂的环境。

❽ microSD 卡槽

microSD 卡槽位于机身左侧，支持最大 1TB 容量的 microSD 卡扩展，该设备无内置存储，所有拍摄内容均直接保存至插入的 microSD 卡中。

❾ USB-C 接口

USB-C 接口为多功能复合接口，支持 65W 快充、文件传输、OTG 功能及网络摄像头模式，同时可通过该接口外接续航手柄等配件。

主界面功能

相机主界面

❶存储容量信息：显示 microSD 卡的存储容量，剩余可存储照片数量或可拍摄时长。当插入 microSD 卡时将显示该信息。

❷智能云台辅助功能：在视频拍摄模式下，点击图标进入智能云台辅助功能。根据界面提示选择相应的模式，包含主角跟随、预构图跟随和旋转运镜 3 种模式。

❸拍摄模式：点击图标后滑动可以选择不同的拍摄模式，支持选择全景、拍照、视频、低光视频、慢动作和延时摄影拍摄模式。

❹电量：显示相机电池的电量，点击图标可查看详细电量。当接入 Osmo Pocket 3 续航手柄时，点击图标将同时显示相机和续航手柄的电量。

❺变焦：点击滑块可切换滑块来控制数码变焦或镜头在俯仰轴上的方向。当滑块图标显示为倍数时，拖动滑块可以调节变焦倍率，此时上下拨动摇杆可以控制镜头在俯仰轴方向上的运动。当滑块图标显示为箭头时，拖动滑块可以控制镜头在俯仰轴方向上的运动，此时上下拨动摇杆可以调节变焦倍率。

❻云台翻转：点击图标会切换云台相机前后朝向。

❼拍摄参数：在视频模式下显示录制参数。

触摸屏操作

相机开机后，前后触摸屏显示相机拍摄界面，通过点击或滑动触摸屏幕，选择相应的功能。

点击：点击屏幕上的相应图标可以选择智能云台辅助、云台翻转等功能。点击取景界面可以进行对焦及测光。

双击：双击取景界面可以选择智能跟随对象。

从顶部边缘向下滑动：进入控制中心。

从底部边缘向上滑动：进入拍摄参数设置。

从左侧边缘向右滑动：进入回放界面。

从右侧边缘向左滑动：进入图像及音频设置界面。

拍摄模式

全景

全景拍摄模式相比普通拍摄模式能获得更宽广的视野，通过将多组画面智能合成一张照片，可完整呈现双眼有效视角或者轻松获得更具视觉冲击力的全景影像。在拍摄过程中，相机会自动完成照片拼接，确保最终成片无缝衔接。

余光视角范围内的景物。该功能支持 180° 和 3×3 两种全景拍摄模式，满足不同场景的拍摄需求。

在 180° 模式下，相机会从左至右横向拍摄 4 张照片，并自动合成为一张超广角全景照片。

而在 3×3 模式下，相机则会拍摄 9 张不同方向的照片，通过更全面的视角捕捉实现更高分辨率的全景合成。

这两种全景模式都能突破普通拍摄的视角限制，特别适合拍摄自然风光、建筑群等大场景，让创作

拍照

拍照模式支持单张拍摄及倒计时拍照，可输出 JPEG 和 RAW 格式的照片（最高分辨率 3840×2160），并支持通过触屏或五维摇杆快速调整参数（如 ISO 50-6400、手动对焦等），结合 1 英寸 CMOS 传感器和 F2.0 光圈，在弱光或复杂的场景下仍能保持高画质表现。

视频

普通视频模式支持最高 4K/60fps 录制，提供清晰的画面和流畅的动态表现。该模式采用三轴机械云台增强稳定性，有效减少抖动，同时支持 10-bit D-Log M 和 HLG 色彩模式，保留更多明暗细节，方便后期调色。创作者可通过旋转屏幕快速切换横竖拍（16∶9 或 9∶16 比例），并利用智能跟随 6.0 实现精准主体追踪，适合日常拍摄、旅行记录等场景。

低光视频

低光视频模式专为暗光环境优化，通过降低最大帧率至 30fps，结合其 1 英寸大底传感器和 F2.0 光圈镜头，显著增加进光量，从而在弱光条件下拍摄出更明亮、噪点更少的画面。该模式还优化了自动白平衡和色彩还原，确保在夜晚或昏暗的场景下，视频画面的色彩自然、准确，适合夜间拍摄或低光照环境下的创作需求。

慢动作

慢动作模式支持最高 4K/120fps（4 倍慢动作）或 1080p/240fps（8 倍慢动作）的拍摄。在使用慢动作录制视频时，相机将使用高帧率进行录制，生成播放速度为正常速度 1/4 或 1/8 的视频，从而记录到裸眼无法捕捉的画面。慢动作视频不包含声音，声音文件存储在单独的音频文件中，与视频文件存放在同一文件目录下，可连接电脑导出。

延时摄影

延时摄影模式提供静止延时、运动延时和轨迹延时 3 种拍摄方式，支持自定义分辨率、帧率和拍摄间隔，其中轨迹延时可设置最多 4 个拍摄点实现自动运镜。在 Pro 模式下还能同时保存延时视频和原始照片，并支持手动调整曝光参数，满足从日常记录到专业创作的需求。

系统控制中心

从触摸屏主页顶部下滑，即可进入系统控制中心。

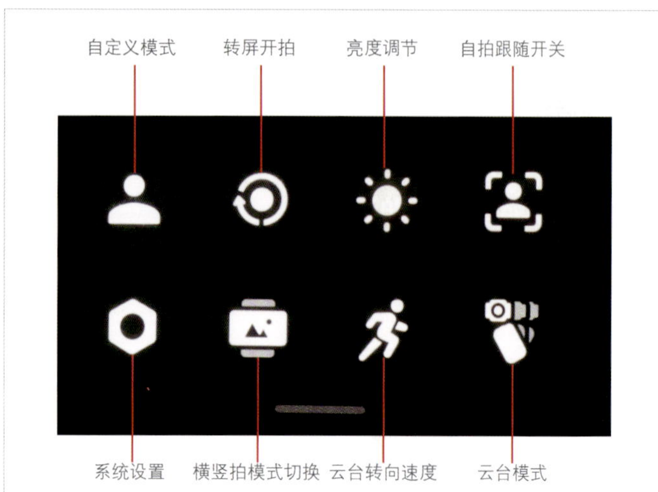

自定义模式

点击图标创建或管理自定义模式。可以将需要记录的拍摄参数保存在“自定义模式”中，最多可保存 5 组自定义参数。

在“保存当前拍摄设置至 C1”界面中，单击图标，即可将当前的拍摄模式、拍摄基础参数、图像设置等参数保存到自定义模式，例如，可以分别将运动、夜景等场景使用的拍摄参数保存起来，再次拍摄类似的场景时就可以一键调出。

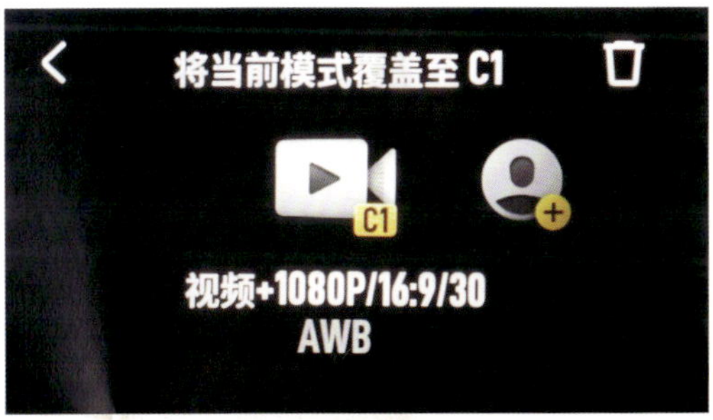

转屏开拍

点击图标进入“转屏开拍”功能界面，“转屏开拍”功能是启动相机并进行拍录最便捷的方式，可有效防止错过精彩画面。开启此功能后，在关机状态下，顺时针旋转屏幕后相机立即开启拍录。

开启“转屏开拍”后，使用的拍摄模式可以设置为“上次设置”“视频”“低光视频”“运动延时”“自定义”模式。

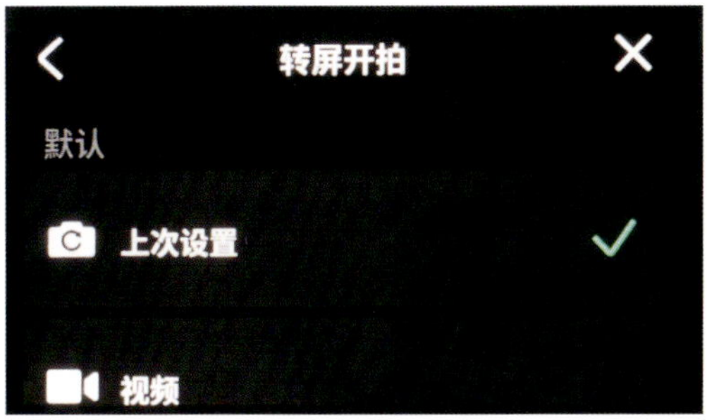

需要注意的是，在开启“转屏开拍”功能拍摄视频时，在拍摄视频过程中若逆时针旋转屏幕，同时将相机屏幕显示方向设置为“自适应横竖拍”或“锁定横拍”，则相机将停止拍录并在 2 秒后关机，这样可以避免创作者因误触屏幕旋转而意外改变构图，导致后续素材与预期不符（例如横屏视频中混入竖屏片段）。若将相机屏幕显示方向设置为“锁定竖拍”，则相机将继续拍录。

亮度调节

点击图标打开亮度调节滑块，滑动滑块可以调节屏幕亮度。

自拍跟随开关

点击图标开启“自拍跟随”功能，自拍时相机将自动识别人脸并跟随人脸移动，确保获得最佳的自拍角度。

此功能在复杂背景、弱光环境、快速运动或非人像主体等场景下可能出现识别不准或跟丢问题，建议在光线充足且主体明确的场景使用；若遇到干扰或高速运动，可切换为“手动控制”或“预构图跟随模式”来确保拍摄的稳定性。总结来说，该功能更适合日常 Vlog 或静态拍摄。

系统设置

点击图标可以在“系统设置”界面设置“无线麦克风”“云台开机方向”“旋转屏幕关机”“旋转屏幕关机”等选项，各选项功能会在后面详细讲解。

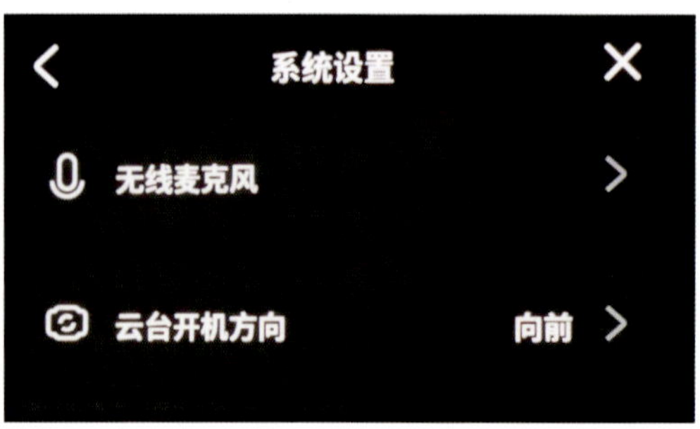

横竖拍模式切换

点击图标可以切换相机屏幕的显示方向，可选择“锁定竖拍”以固定竖屏拍摄，“锁定横拍”以固定横屏拍摄，或“切换为自适应横竖拍”让设备自动调整画面方向。

需要注意的是，在“锁定竖拍”或“锁定横拍”模式下，即使旋转设备屏幕，显示方向也不会改变。例如，当锁定竖拍时，即便将设备转为横屏状态，屏幕仍会保持竖屏显示方向，此功能特别适合需要固定构图方向的场景（如短视频平台竖屏内容或电影感横屏创作），通过强制保持显示方向，避免意外旋转导致的构图混乱。

云台转向速度

点击图标进入“云台转向速度”设置界面，云台转向速度设置提供了 3 个挡位，创作者可根据拍摄需求灵活调节。

“慢”挡位：云台转向柔和，增稳效果最强，适合静态或慢速场景拍摄，如风景、人像等需要平稳画面的场景。

“默认”挡位：平衡转向速度与稳定性，适合日常大多数拍摄场景，能轻松获得流畅的运镜效果。

“快”挡位：转向响应迅速，增稳效果稍弱，但能还原手持拍摄的灵活感，适合追踪高速运动的目标或快速运镜，如体育赛事、运动场景等。

通过调整挡位，创作者可优化云台性能，适配不同的拍摄需求，提升画面表现力。

云台模式

点击图标进入选择云台模式界面，可选择的云台模式有：默认增稳、俯仰锁定、FPV 和 FPV- ⊥（垂直）。

“默认增稳”模式：此模式为默认模式，适用于大多数拍摄场景，如 Vlog、自拍等，此时镜头横滚轴维持水平，俯仰轴和平移轴跟随手柄转动的方向而转动。

“俯仰锁定”模式：此模式镜头俯仰轴锁定不变，横滚轴维持水平，平移轴跟随手柄转动，特别适合需要保持镜头绝对水平且频繁变换高度的动态拍摄场景（如舞蹈跟拍或运动镜头），通过锁定俯仰轴确保画面稳定不倾斜，同时平移轴跟随手柄转动实现平滑的横向运镜。

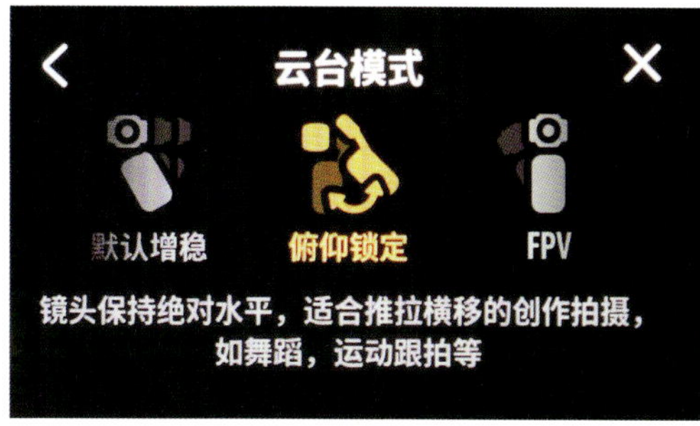

“FPV”模式：此模式镜头朝向完全跟随机身，画面不再保持水平，该模式适用于拍摄连续转动的场景，适合一些创意拍摄。

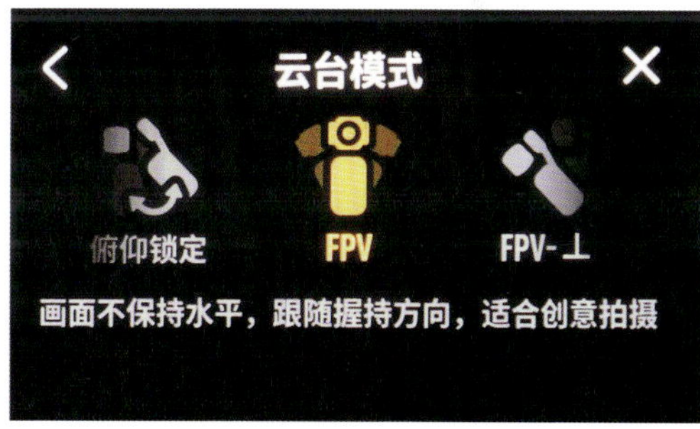

“FPV- ⊥（垂直）”模式：此模式为回中方向垂直于机身的 FPV 模式，使镜头正对取景方向，便于快速拍摄，该模式增强了拍摄的灵活性，同时保留了云台增稳效果，适用于需要快速响应的拍摄需求，尤其适合需要快速调整角度的场景，如直播或动态运镜场景。

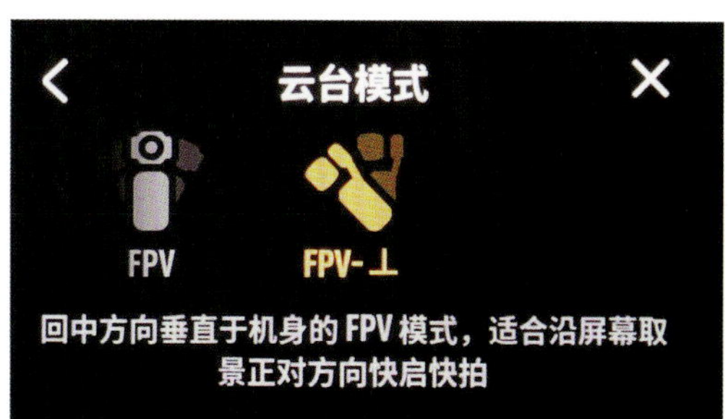

系统设置

从触摸屏主页顶部下滑，进入系统控制中心，在控制中心点击“系统设置”图标即可进入系统设置界面。

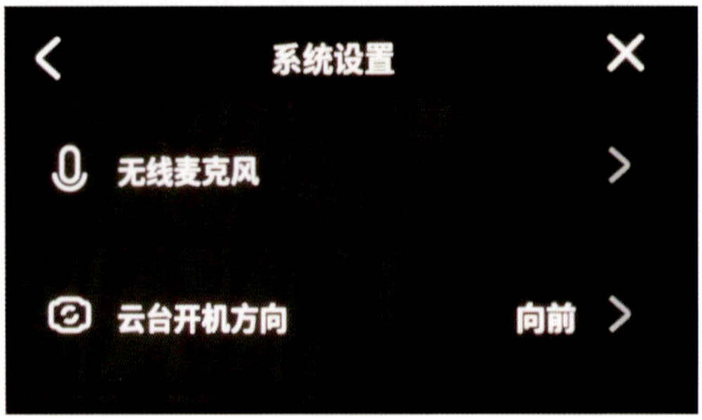

无线麦克风

用户可以选择 TX1 或 TX2 通过蓝牙方式进行无线麦克风连接。

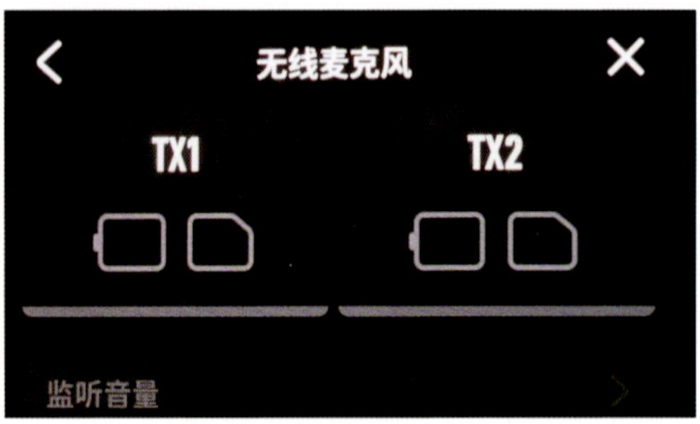

配对成功后可在此界面对麦克风相关参数进行设置。需要注意的是，该相机仅支持 DJI Mic 2 的发射器进行蓝牙配对。

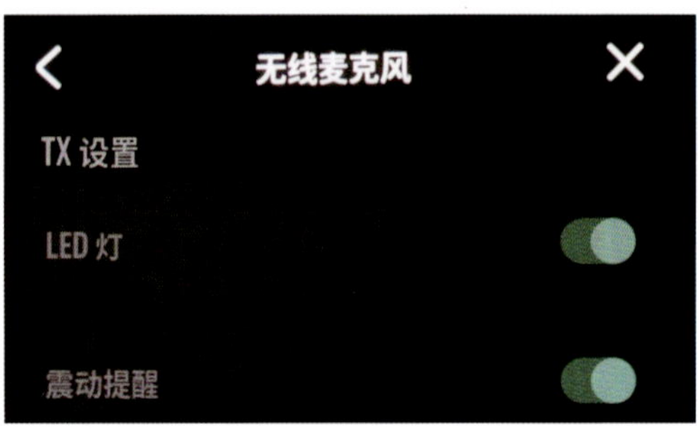

云台开机方向

用户通过该选项可以选择开机时相机镜头的朝向，提供了“向前”“向后”“上次关机方向”3 个选项。选择“向前”时，开机时相机镜头将旋转至背对拍摄者；选择“向后”时，开机时相机镜头将旋转至面对拍摄者以进行自拍。

选择“上次关机方向”时，若云台模式为“默认增稳”模式或“俯仰锁定”模式，开机后镜头方向为固定的“向前”或“向后”；若云台模式为“FPV”模式或“FPV-⊥（垂直）”模式，则开机后镜头方向为上次关机的准确位置。

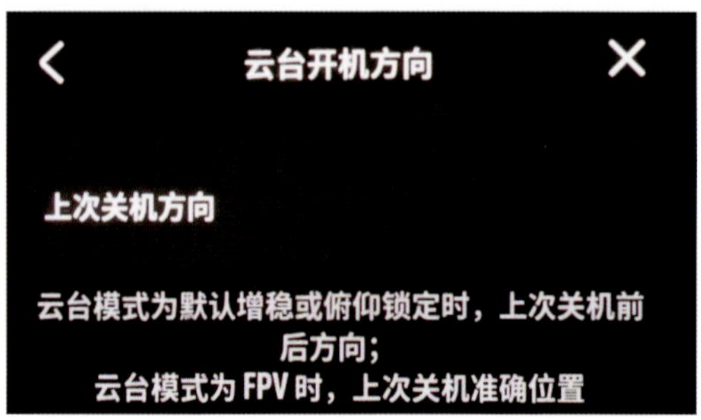

旋转屏幕关机

用户通过该选项可以选择旋转屏幕关机的延迟时间，包括“立即”“2 秒”或“禁用此功能”。若选择“立即”或“2 秒”选项，在非录制状态下旋转屏幕即可关闭相机，该设计便于快速收纳且与“转屏开拍”功能形成操作闭环。

穿戴模式

点击该选项可以开启“穿戴模式”，开启后云台将锁定自拍姿态。双击屏幕可使云台回中，上滑屏幕可退出“穿戴模式”。“穿戴模式”特别适合以第一人称视角记录（如旅行 Vlog、运动教学）和解放双手的跟拍场景（如亲子互动、宠物日常），通过固定在背包或衣物上实现沉浸式拍摄，使用时建议搭配拓展转接件以确保稳定，并配合外接麦克风获得最佳收音效果。

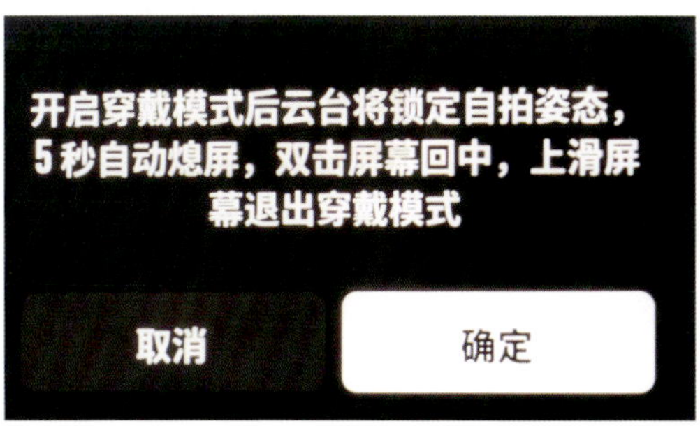

滑块控制

用户通过该选项可以选择滑块控制“云台”或“变焦”。当选择“云台”选项时，拖动滑块控制云台在俯仰轴方向的运动，此时上下拨动摇杆可以调节变焦倍率。当选择“变焦”选项时，拖动滑块调节变焦倍率，此时上下拨动摇杆可以控制云台在俯仰轴方向的运动。

自拍镜像

开启该选项后，自拍时的素材将自动进行镜像处理，需要注意的是开启“自拍镜像”时，画面中的文字会出现镜像显示。

长按拍摄按键取消录像

开启此选项后，在录制过程中长按拍摄按键可以直接取消当前录像，取消后的视频片段不会被保存，从而节省存储空间。

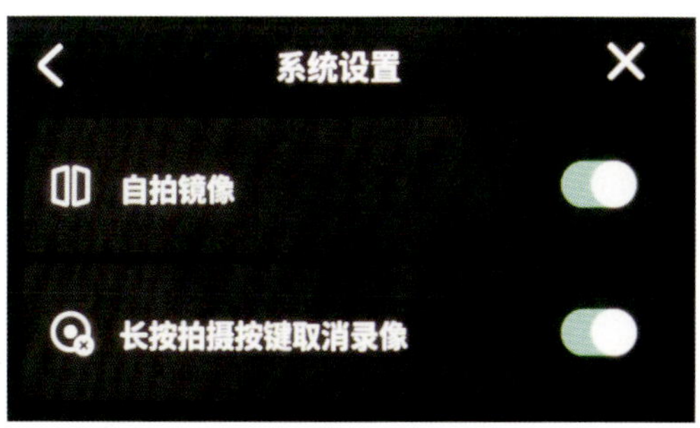

机身收音备份

用户通过该选项可以开启“机身收音备份”功能，开启后，当连接 DJI Mic 2 发射器或外部麦克风时，相机拍摄视频的同时会通过机身麦克风录制音频，并单独保存格式为 .wav 的音频文件（不支持低光视频 4K 25/30fps，慢动作 4K 4X 120fps D-Log M/HLG 及网络摄像头模式）。

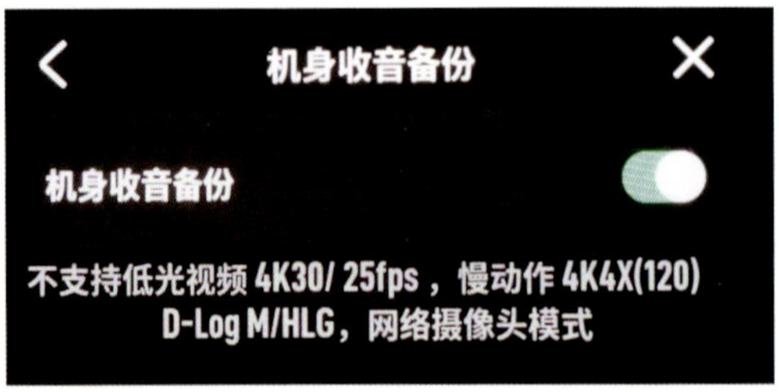

OTG 有线连接

OTG（On-The-Go）功能是一种让移动设备（如手机、相机）通过 USB 接口直接读取或连接其他外部设备的技术。Pocket 3 的 OTG 功能支持通过 Type-C 接口直接连接安卓设备，实现快速传输拍摄素材或外接音频设备。

点击该选项后，使用包装内的 Type-C to Type-C PD 快充线连接相机或安卓设备。连接成功后，可通过设备相册或文件管理访问相机的拍摄素材并导出至安卓设备。注意，安卓设备需支持 OTG 功能。

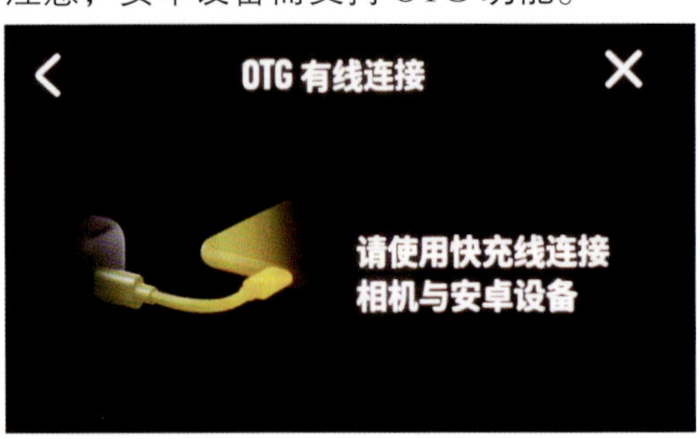

无线连接

用户通过该选项可以查看设备的无线信息，设置 Wi-Fi 频段及重置连接。

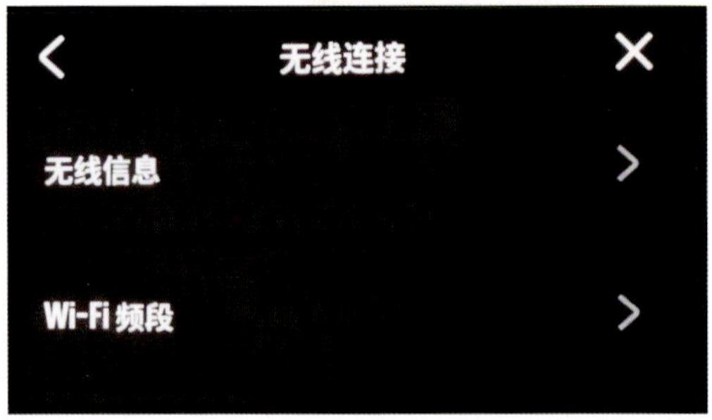

选择“Wi-Fi 频段”选项后，可以选择 5.8GHz 和 2.4GHz。其中，5.8GHz 频段传输速度更快、干扰更少，适合近距离高速传输（如 4K 视频实时预览）；2.4GHz 频段穿墙能力更强、覆盖范围更广，适合远距离连接或在复杂环境下使用，但速度相对较慢且易受干扰。

云台校准

点击该选项并确认后可以校准云台。该功能可以解决由环境或人为误操作造成的云台水平歪斜问题。在校准过程中，需要将相机静置于稳定的水平平面，不可手持。

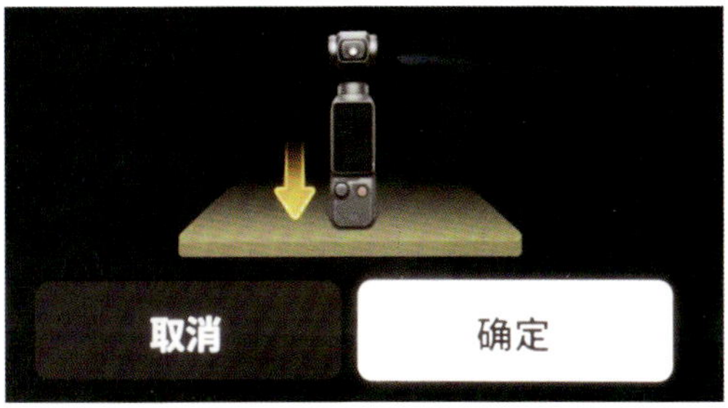

摇杆速度

点击该选项后，在摇杆速度设置界面的左侧上下滑动可以调整五维摇杆控制变焦的速度值，在界面右侧上下滑动可以调整五维摇杆控制云台响应的速度值，速度值越高，控制变焦及云台的响应灵敏度越高。

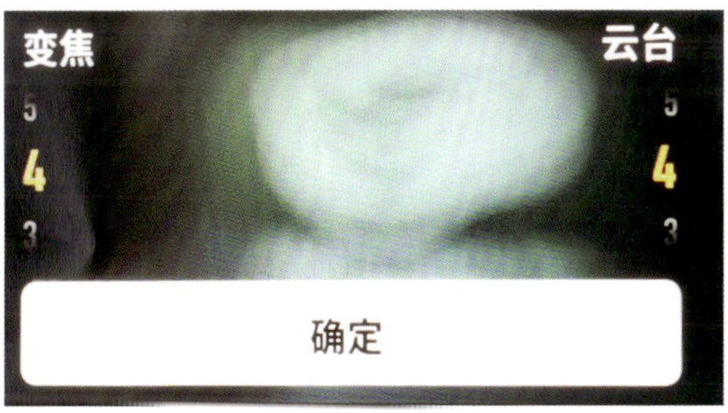

根据实际使用体验，建议将变焦速度和云台响应速度的参数设置为 3 ~ 5 范围内的值。这个范围既能保证操作灵敏度，又能让视频画面过渡更加流畅、自然。

视频压缩

点击该选项进入切换视频编码格式界面。默认为“高效（HEVC）”，可选择“兼容（H.264）”。若选择“高效（HEVC）”选项，则视频压缩效率提高，可缩小文件大小；若选择“兼容（H.264）”选项，则视频的播放兼容性更高。

H.264 具有更广泛的兼容性，适合大多数播放设备；而 HEVC 提供更高的压缩效率，在相同画质下文件体积更小，但对后期处理设备的性能要求较高。

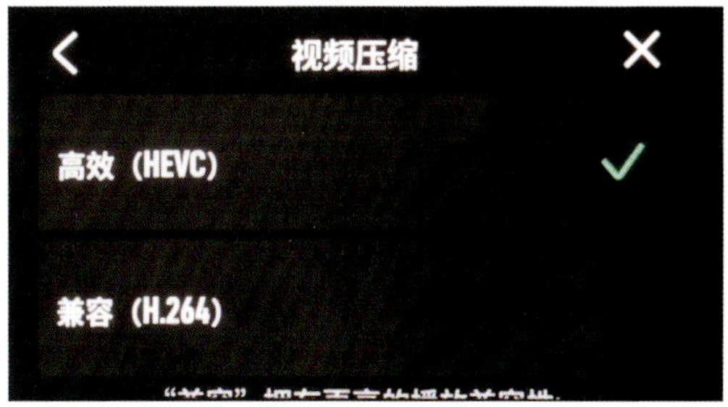

提示音

点击该选项可调节相机提示音的音量级别，有“高”“中”“低”“静音”4 挡可选。提示音涵盖模式切换、开始 / 停止录制等操作反馈。开启“提示音”能有效确认操作响应，而选择“静音”模式则适用于需要保持安静的拍摄场合。

参考线

点击该选项进入“参考线”设置界面，可以选择开启“网格”和“2.35∶1 参考线”选项。这两个选项可以单独开启，也可以同时启用。开启后，拍摄画面将出现对应的网络参考线，以帮助创作者确认自己拍摄的画面是否符合特定的比例，其中“2.35∶1 参考线”特别适合视频拍摄，能拍出专业电影级的宽银幕画面比例。

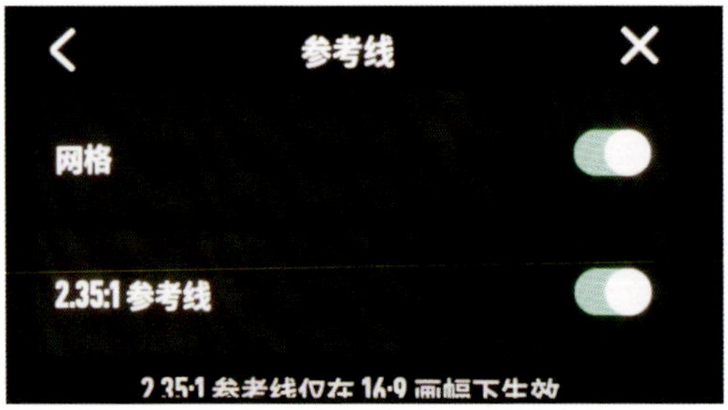

抗闪烁

点击该选项可设置抗闪烁频率，有效消除室内荧光灯或电子屏幕造成的画面闪烁问题，从而获得更稳定的拍摄效果。系统提供 50Hz（适用于中国等地区）和 60Hz（适用于欧美等地区）两种电网频率选项，可以根据实际拍摄环境选择对应的频率。为获得最佳效果，建议将此选项设置为“自动”模式，系统将智能匹配当前环境的电网频率。

时间码

选择该选项可以启用时间码显示功能，并支持两种校准方式：“手动刷新系统时间”或“重置时间码”。当相机内置时码器出现偏差时，可通过 USB-C 接口连接外部时间码同步设备进行时间码同步。

素材命名管理

在“素材命名管理”界面中，可以自定义存储文件夹和文件的命名规则。设置的文件夹名称将用于存放后续拍摄的文件，而设定的文件命名规则则会从下一个拍摄文件开始生效。

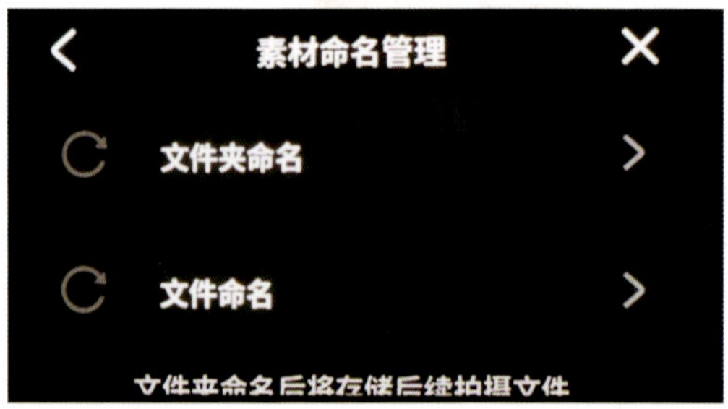

这一功能支持系统化的命名方式，能够帮助用户高效地管理拍摄素材。通过规范的命名体系，可以快速定位和分类大量拍摄内容，特别适合长时间跨场景的拍摄项目，显著提升后期素材整理的效率。

开录后熄屏

点击该选项可以设置开录后熄屏的时长，设置好时长后，相机开始录制视频时，到达设置的时长后，屏幕自动熄灭。

自动关机

点击该选项可以在“自动关机”界面选择多长时间后自动关机。若在设置的时长内对相机无任何操作，则相机将自动关机。

LED 灯

点击该选项可以开启或关闭相机的 LED 状态指示灯。

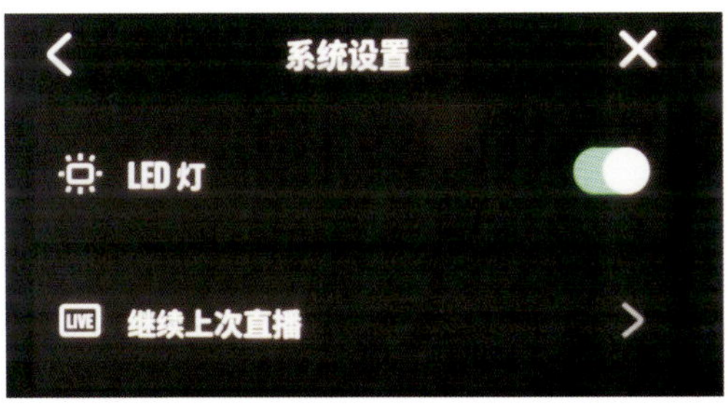

继续上次直播

点击该选项后可根据上次直播的参数设置继续直播。需要注意的是，相机直播需要通过 DJI Mimo App 发起。若没有直播过，点击该选项则会提示无上次直播信息，需要发起直播。

恢复出厂设置

点击该选项，可以将相机恢复到出厂设置。此操作会删除目前相机中的所有设置，恢复至刚出厂时的状态并重新启动。

此功能可以解决下面两种问题。一是快速解决相机系统异常或设置混乱问题（如功能异常、频繁死机）；二是彻底清除隐私数据（如 Wi-Fi 密码、位置记录）后再转卖或转借他人，确保个人信息安全无遗漏。

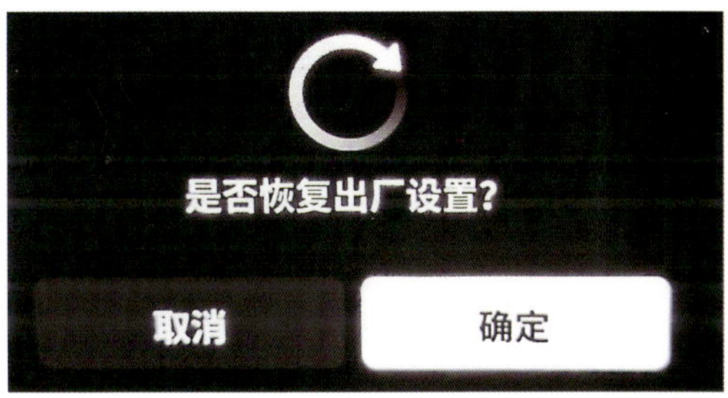

设备信息

点击该选项会显示设备的信息，包括设备名称、序列号、固件版本、快速入门指南等信息。点击导出日志选项可将日志信息导出至 microSD 卡中。

图像及音频设置

在任何模式的主页，从屏幕右侧边缘向左滑动都会进入图像及音频设置界面，在全景模式、拍照模式、静止延时模式及轨迹延时模式的图像及音频设置界面中只能调整图像参数，而在其余模式的图像及音频设置界面中则可以调整图像和音频参数。

在图像及音频设置界面点击右上角的 PRO 图标，可设置高级参数。

曝光

该选项提供自动模式（Auto）和手动模式（M）两种选择。曝光的主要作用是通过调整光线参数，确保画面在不同环境下获得理想的亮度、对比度和细节表现。自动模式近似于“傻瓜相机”的拍摄模式，而手动模式则需要调整参数的精准数值。

在自动模式调节界面，创作者可以在左侧滑动屏幕调节曝光补偿（EV），曝光补偿的范围为 -3EV 到 +3EV，正的 EV 可以提亮画面，可以在逆光下调节，负的 EV 可以压暗画面，可以在强光下保留高光的细节。

在界面右侧，滑动屏幕可以调节感光度（ISO），感光度的范围为 50 到 6400，低 ISO（如 50 ~ 100）可以使画面纯净，适合在强光环境下使用，高 ISO 虽然可以提升暗光的拍摄能力，但可能会引入噪点。

手动模式与自动模式的参数调节方法类似，但手动模式提供了更精细的控制选项。除此之外，在手动模式界面的左上方点击 S 1/2000 按钮，界面的左侧将更改为快门速度的调节。与自动模式仅提供参数范围不同的是，在手动模式下，不仅显示参数数值范围，还会呈现精确的数值，创作者可以独立调节 ISO 感光度、快门速度和曝光补偿等关键参数，从而实现更精准的曝光控制。

白平衡

包括“自动白平衡（AWB）”和“手动模式（M）”两种选择。白平衡的作用主要是通过调整色温（2000 ~ 10000K），中和不同光源的色偏（如日光偏蓝、钨丝灯偏黄），确保物体呈现出真实的色彩。设定低的白平衡值会让画面偏蓝，反之则可以让画面偏黄。

选择自动白平衡模式时，相机通过内置色温传感器实时分析环境光源（如日光、阴天、灯光），自动调整色温（2000 ~ 10000K），确保色彩自然还原。适合大多数日常拍摄或光线变化频繁的场景，操作便捷。

选择手动模式时，创作者可以通过滑动屏幕右侧的调节面板来手动设置色温。这一功能不仅能精准匹配不同的光源（如 5500K 对应日光、3200K 适合白炽灯），还能实现创意色彩效果：低色温（如 2500K）呈现暖黄复古色调，适用于日落、篝火等温馨的场景；高色温（如 8000K）可以营造冷峻的科幻氛围，适合雪景、夜景等冷色调主题。通过精细地调节色温，创作者可灵活地控制画面风格。

美颜

点击该选项可选择开启或关闭美颜效果。开启后，美颜效果不会在设备屏幕上实时显示，但通过连接 DJI Mimo App 可在手机端实时预览美颜效果。

拍摄完成后，可通过 DJI Mimo App 查看素材并调整美颜强度。需要注意的是，通过 App 导出时素材将带有美颜效果，而存储于 microSD 卡中的原始文件仍保留未处理的效果。

色彩

点击该选项可以切换不同的色彩模式，系统提供了“普通”“HLG”“D-Log M”3 种色彩模式，满足不同的创作需求。

“普通”色彩模式适用于日常拍摄，视频色彩自然，支持 10-bit 色深，适合快速分享。

“D-Log M”色彩模式可为创作者提供了更多的后期调色空间，需要通过 DJI Mimo App 内置的 LUT 还原色彩。在大光比或多颜色（如花园、田野等）场景下，能在更大限度地还原拍摄时的场景，使画面的亮部与暗部均有丰富的细节。

在“HLG”色彩模式下可拍摄出宽广的动态范围及色域，可直接在 HDR 设备上播放照片或视频，无须调色即可呈现鲜艳的色彩。此外，创作者可通过 DJI Mimo App 调整锐度、降噪等参数。

对焦模式

点击该选项后，可选择“单次”“连续”“展示”3 种对焦模式。

在“单次”对焦模式下执行一次对焦后，设备就不再自动对焦，点击屏幕后锁定焦点，可以确保主体清晰不脱焦，适用于不改变对焦位置的场景拍摄。

“连续”对焦模式可以持续对焦主体，云台会持续调整焦点以保持主体清晰，适用于拍摄运动中的对象，或拍摄者本身处于运动中。

“展示”对焦模式适合近距离展示物体的场景，此时相机将焦点快速切换到镜头前方的被展示物品上，无需等待焦点转移。“展示”对焦模式仅支持视频拍摄，适合直播、产品展示等场景，对焦过程平滑、快速。

对焦呼吸补偿

点击该选项可以打开或关闭“对焦呼吸补偿”。开启该功能后，系统会通过算法校正镜头因对焦距离变化导致的视角偏移（即“呼吸效应”），使焦点切换时的画面过渡更平滑、自然。

需要注意的是，此功能会引入轻微画面裁切（小于 4% 的视野损失），以换取更稳定的视觉观感，适合需要专业级视频质感的场景。

图像调节

该功能提供“默认”和“自定义”两种选择。在“视频”“慢动作”“运动延时”拍摄模式下可以对图像做出调整，选择“默认”选项时，参数保持默认，无法做出调整。

选择“自定义”选项时，可以在自定义界面根据实际拍摄需求对图像的“锐度”和“去噪”进行调节，从而提升拍摄素材的清晰度。

音频设置

在“视频”“慢动作”“运动延时”拍摄模式下的图像及音频设置界面，点击按钮可以切换到音频设置界面，在该界面可设置“声道”“降风噪”“指向收音”“增益”选项。

点击“声道”选项可以将录制声道切换为“单声道”或“双声道”。

点击“降风噪”选项，可以将其设置为“标准”“强”“关”。若设置为“标准”或“强”可降低相机内置麦克风所拾取的风噪声。注意，当使用外接麦克风时，“降风噪”功能将不生效。

点击“指向收音”选项，可以选择收音的方向。当选择“向前”时，麦克风将加强接收相机前方的声音；当选择“前后双向”时，麦克风将加强接收相机前后方的声音；当选择“全向”时，麦克风将接收相机周围所有方向的声音。当使用外接麦克风时，“指向收音”功能不再生效。

当接入外部麦克风时，此处会多出“增益”选项，该选项可以用来调节麦克风的输入增益。

格式

在拍照和全景模式下，进入图像设置界面的PRO模式后，点击“格式”选项可以选择JPEG或JPEG+RAW作为存储格式。JPEG格式作为通用性强的压缩格式，具有色彩表现优秀、文件体积小、兼容性广的特点，适合日常浏览和分享；但其压缩特性会损失部分图像数据，不利于深度后期编辑。相比之下，RAW格式完整地保留了原始图像信息，虽然文件较大，却能为专业创作者提供更大的后期调整空间，特别适合需要进行精细修图的创作者。

切换到“延时摄影”的“静止延时”和“轨迹延时”模式时，进入图像及音频设置界面的PRO模式后，点击“格式”选项可以选择“视频”“视频+JPEG”“视频+RAW”。选择后两种组合格式时，系统会同时保存视频文件和对应的单帧图片（JPEG或RAW格式），方便创作者同时获得成片和原始素材。需要注意的是，“运动延时”模式不支持这些格式选项设置。

拍摄参数设置

相机提供了便捷的画幅设置方式，从主页底部上滑，即可进入拍照或视频的拍摄参数设置界面。

画幅设置

在拍照模式的拍摄参数上方，创作者可通过左右滑动屏幕选择两种不同的拍摄画幅。

16：9画幅：以3840×2160分辨率输出，适合横画幅构图。

1：1画幅：以3072×3072分辨率输出，适合方形构图或社交媒体平台需求。

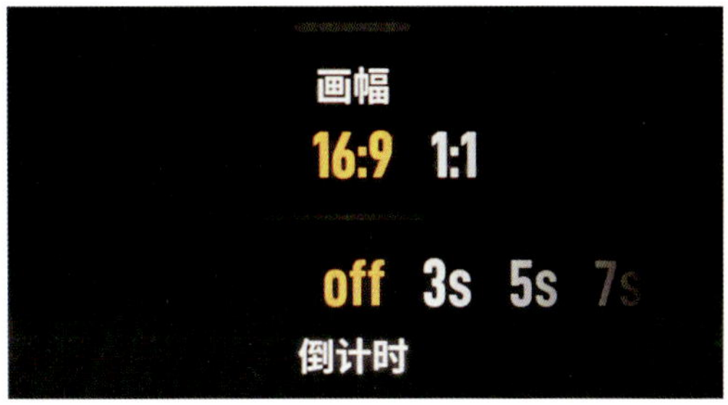

在界面下方可以设置拍摄的“倒计时”，提供了“3秒”“5秒”“7秒”共3挡可调倒计时时长。开启后，按下快门按钮会触发预设的倒计时，期间屏幕会显示倒计时提示并伴有提示音，适合自拍或需要稳定构图的场景。

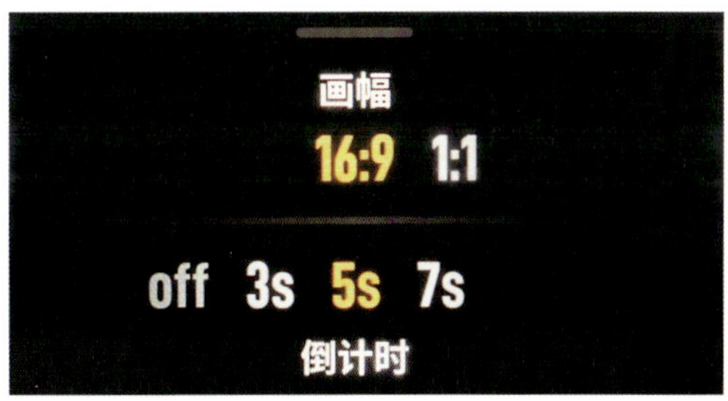

分辨率设置

在视频拍摄参数设置界面的右上角选择录制的画幅，可以选择16：9或1：1画幅。

在16：9画幅界面，可通过左右滑动屏幕选择3种不同的视频分辨率。

1080p（1920×1080）分辨率：最高支持60fps（普通模式）或240fps（慢动作模式），兼容所有拍摄模式（包括延时摄影），码流最高130Mbps，适合长续航或网络分享需求。

2.7K（2688×1512）分辨率：最高支持60fps（普通模式）或120fps（慢动作模式），平衡画质与文件体积，适合日常高清录制。

4K（3840×2160）分辨率：最高支持60fps（普通模式）或120fps（慢动作模式），支持10-bit D-Log M和HLG HDR色彩模式，适合专业创作。

在1∶1画幅界面，可通过左右滑动屏幕选择3种不同的视频分辨率。

1080p（1080×1080）分辨率：支持24到60fps帧率选项，适合轻量化拍摄或网络分享，但像素量比其他分辨率明显低。

2160p（2160×2160）分辨率：支持24到60fps帧率选项，通过像素合并实现4K级画质，适合需要平衡细节与文件体积的场景。

3K（3072×3072）分辨率：支持24到60fps帧率选项。

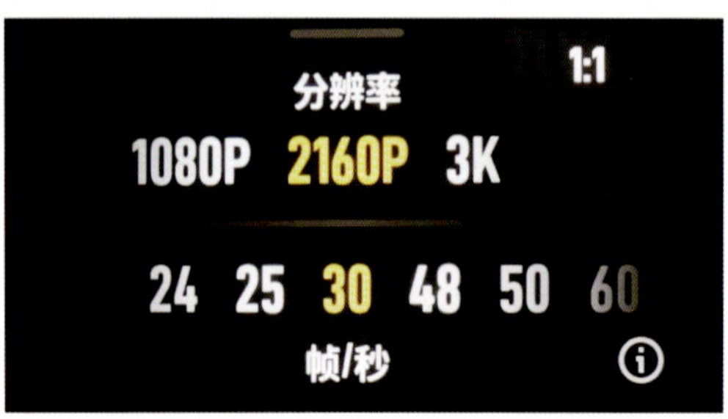

回放

在任何模式的拍摄界面，从屏幕左侧边缘向右侧滑动都会进入回放界面。

进入回放界面后，会显示最后拍摄的图像和视频或回放的图像和视频。点击界面左上角的按钮可以进入多个素材的缩略图管理界面。

在图像或视频回放界面的左侧点击图标，可以对当前所查看的图像或视频进行“标记”或“删除”操作，点击图标可以标记为收藏，连接DJI Mimo App后，可在相册的“收藏”中查看，点击图标，可删除当前的照片或视频。

在回放界面的右下角，显示的是图像和视频的数量，也可以直接点击右下角的♡图标，对当前素材进行标记。

在查看视频界面的右上角，点击按钮可以控制播放视频的音量，默认情况下为静音，通过左右滑动屏幕可调节音量。

在界面左下角，会显示拍摄视频的模式及视频的分辨率和帧率，便于查看视频的信息。

延时摄影

延时摄影是一种通过间隔拍摄单帧画面，并将其连续播放以浓缩时间的影像创作形式。其核心原理在于打破人眼对时间流逝的常规感知——通过设置固定时间间隔（如每 2 秒或 5 秒拍摄一张），将数小时、数天甚至数年的漫长过程压缩为几秒到几分钟的动态影像。这种技术不仅需要精准的器材控制（如三脚架稳定、定时快门触发），还需要后期合成处理。它跨越了摄影与摄像的界限，成为记录动态世界的独特表达方式。

延时摄影的创作场景广泛，在自然领域，常用于拍摄日出日落的光影变幻、云雾流动的轨迹，或植物生长的生命历程；在城市景观中，它能捕捉车流灯轨的流光溢彩、建筑工地的施工进程，以及人群潮汐的涌动节奏。此外，天文摄影中星轨的旋转、极光的舞动，甚至是生物实验的微观变化，均可通过延时技术赋予静态画面以动态叙事。无论是记录自然伟力、人类活动，还是揭示肉眼难察的细微演变，延时摄影都以独特的时空压缩技术，赋予了平凡场景非凡的视觉张力。

在大疆 Osmo Pocket 3 中内置了强大的“延时摄影”功能，提供“静止延时”“运动延时” “轨迹延时” 3 种拍摄模式，满足不同场景的创作需求。创作者既可使用系统预设的一键拍摄模式快速出片，也能根据个性化需求手动调整拍摄参数，实现更精细的控制。

这 3 种延时模式各具特色，适用于不同的拍摄场景，操作方法也有所区别。接下来逐一介绍它们的适用场景及拍摄技巧。

静止延时

“静止”延时适合在相机位置固定且处于静止状态时拍摄延时视频。“静止延时”模式有“游人如织”“云卷云舒”“日出日落”3 种预设，可满足拍摄街景人流、云彩变化、日出日落等常见的长时间变化的景物。创作者也可自行设置拍摄间隔和生成视频时长。下面以拍摄一段车流的延时视频讲解“静止”延时的应用。

1. 打开大疆 Osmo Pocket 3，将显示屏旋转至横屏状态，在拍摄界面点击屏幕左下角的图标，在模式选择界面选择“延时摄影”模式。这里的模式名称不会显示延时摄影，而是显示上一次使用延时摄影时选择的拍摄方式，这里显示的就是“轨迹延时”。

2. 选择“轨迹延时”，进入拍摄界面，从屏幕底部边缘向上滑动，进入拍摄参数设置界面，选择“静止”拍摄方式，选择“自定义”场景。

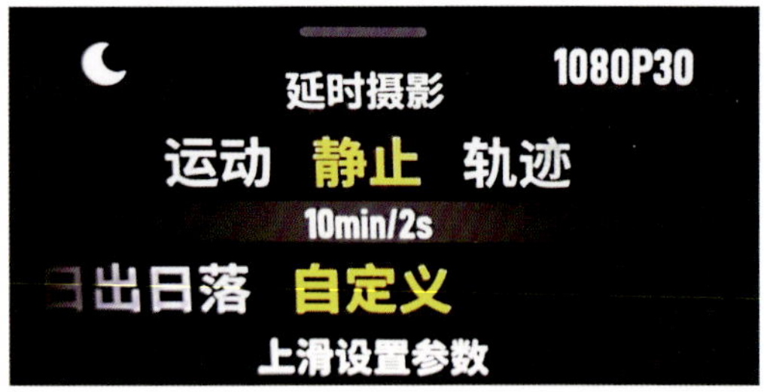

3. 从屏幕底部边缘向上滑动，进入设置参数设置界面，将“间隔”设置为 2s，将“时长”设置为 10min，参数会被自动保存。

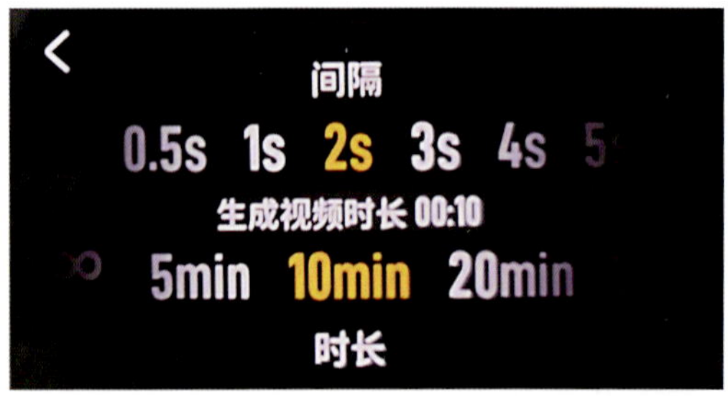

4. 按一下拍摄按键，返回拍摄界面，摆放相机的位置。这里需要注意的是，如果只靠放置相机拍摄，最好选择没有风的情况下使用，或者搭配三脚架使用，否则相机容易出现歪倒的情况。

5. 固定好位置后，再按一下拍摄按键即可开始拍摄，在屏幕的左上角会显示拍摄时长倒计时，以及压缩后的时长，屏幕的下方会显示当前拍摄的分辨率、帧率及拍摄间隔。

6. 拍摄完成后，系统会将拍摄的 10 分钟真实场景内容压缩处理，最终生成一段 10 秒的延时视频。

运动延时

“运动”延时模式通过结合相机移动（如滑轨、无人机或手持平移）与间隔拍摄，在压缩时间的同时呈现空间的动态变化。其核心特点是“时间压缩 + 空间位移”，既保留延时摄影对时间的加速处理，又通过拍摄位置的移动增强画面的动感，常用于记录运动轨迹或展现宏观场景的动态演变。下面以拍摄一段手持相机跑步的运动延时视频讲解“运动”延时的详细操作。

1. 打开大疆 Osmo Pocket 3，将显示屏旋转至横屏状态，在拍摄界面点击屏幕左下角的图标，在模式选择界面选择“延时摄影”模式。

2. 选择“轨迹延时”，进入拍摄界面，从屏幕底部边缘向上滑动，进入拍摄参数设置界面，选择“运动”拍摄方式，选择 Auto 速率。

3. 按一下拍摄按键返回拍摄界面，手持设备并调整好镜头方向后，再按一下拍摄按键开始拍摄，此时人物需要开始移动才能完成拍摄。

4. 开始拍摄后，在屏幕的左上角会显示拍摄的时长，以及压缩后的时长，屏幕的下方会显示当前拍摄的分辨率、帧率及拍摄速率。如果在拍摄时想要调整拍摄速率，可以点击屏幕左下角的 ×1 按钮，调整拍摄速率为正常。

5. 拍摄完成后，系统会将拍摄的视频内容压缩处理，最终生成一段时长等于总拍摄时长除以速率的运动延时视频。

轨迹延时

“轨迹”延时拍摄模式是一种结合了延时摄影与镜头运动的拍摄技术。它通过动态移动相机的位置或角度，在长时间拍摄多张照片后合成视频，最终呈现出时间压缩 + 空间轨迹变化的视觉效果。

使用大疆 Osmo Pocket 3 的“轨迹”延时模式可以在提前设置好的移动点间运动并拍摄延时视频。支持选择从左到右、从右到左，以及 2 ~ 4 个轨迹点的自定义轨迹，创作者也可自行设置拍摄间隔和成片时间。下面以拍摄一段风景的轨迹延时视频讲解“轨迹”延时的详细操作。

1. 打开大疆 Osmo Pocket 3，将显示屏旋转至横屏状态，在拍摄界面点击屏幕左下角的图标，在模式选择界面选择“延时摄影模式”。因为上一次使用的是“轨迹”延时模式，所以界面显示“轨迹延时”。

2. 进入拍摄界面，从屏幕底部边缘向上滑动，进入拍摄参数设置界面，选择“轨迹”拍摄方式，选择“自定义轨迹”，参数保持 2 秒间隔，拍摄 10 分钟。

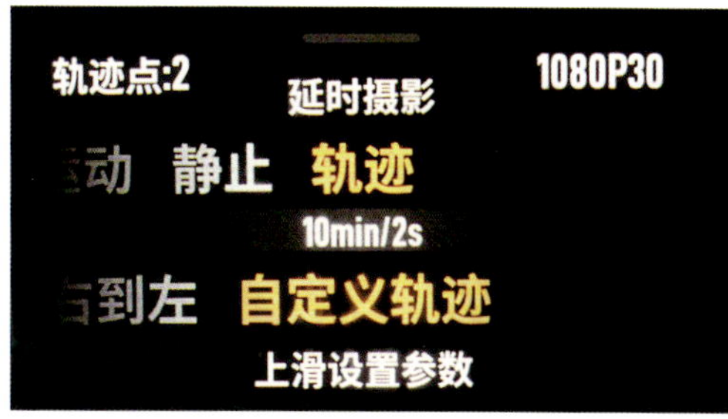

3. 按一下拍摄按键返回拍摄界面，将相机摆放好位置。因为笔者想拍一个从左到右的轨迹延时，但想自己设定轨迹起始点，所以选择了“自定义轨迹”，将相机镜头朝左放在合适的位置，点击屏幕中的十字圆形提示，创建第一个轨迹点。

4. 将相机镜头朝右放在合适的位置，点击屏幕中的十字圆形提示，创建第二个轨迹点。当轨迹点设置完成后，屏幕中间的十字圆形提示会变成蓝色的对号提示，代表轨迹点已经设置完成，可以拍摄了。

5. 按一下拍摄按键即可开始拍摄，在拍摄过程中，镜头会按照制定好的轨迹匀速转动，在屏幕的左上角会显示拍摄时长倒计时，以及压缩后的时长，屏幕的下方会显示当前拍摄的分辨率、帧率及拍摄间隔。

6. 拍摄完成后，系统会将拍摄的 10 分钟真实场景内容压缩处理，最终生成一段 10 秒的延时视频。

跟随模式

大疆 Osmo Pocket 3 的“智能跟随”功能通过算法与硬件协同实现了多样化的追踪场景适配。基于升级的智能跟随 6.0 技术，提供了“主角跟随”“自拍跟随”“预构图跟随”等模式，覆盖单人创作、多人场景、复杂构图及快速响应需求。无论是人物短暂遮挡后的目标找回、多目标智能识别，还是专业运镜的构图锁定，这些模式均显著降低了创作者的操作门槛，让运镜更流畅、焦点更精准，尤其适合自拍、直播、运动拍摄等场景。

这几种跟随模式各具特色，适用于不同的拍摄场景，操作方法也有所区别。接下来详细介绍它们的适用场景及拍摄技巧。

智能跟随

“智能跟随”支持手动框选任意目标（不限于人脸），例如宠物、物体等。当相机处于拍照、录像模式时，在拍摄界面，双击画面中的物体，选择跟随目标。双击屏幕中的物体，屏幕上方将会出现“智能跟随已开启”的提示，并且物体会出现绿色的边框，代表物体已经被选中。

此时移动相机或移动物体，相机的镜头将自动跟随所选目标。按一下五维摇杆或点击屏幕可结束当前跟随。

需要注意的是，当处于“全景”“低光视频”“慢动作”“静止延时”“轨迹延时”模式，以及开启“旋转运镜”功能时，是不支持智能跟随操作的。

主角跟随

在“主角跟随”模式下，开始录制后，相机会自动锁定第一个进入画面中心的人脸作为跟踪目标。若多人同时入镜，则会优先跟踪占据画面面积最大的主体。即使人物短暂被遮挡或只有侧脸，也能快速恢复跟踪，使用该模式的具体操作如下。

1. 在视频拍摄界面，点击屏幕左侧的图标进入智能云台辅助功能界面。

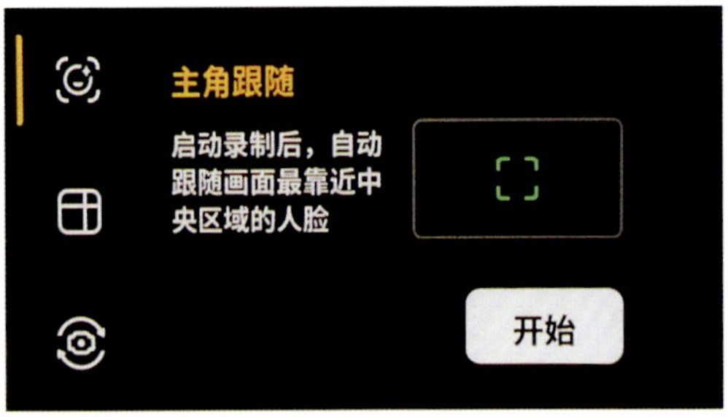

2. 第一个选项就是“主角跟随”模式，点击“开始”按钮，回到拍摄界面，此时可以看到智能云台辅助功能的图标变成了主角跟随图标，并且屏幕中多了一个区域框。

3. 按一下拍摄按键开启录制，此时相机会自动锁定第一个进入画面中心的人脸作为跟踪目标。锁定目标后，会出现与智能跟随相同的绿色边框，并在屏幕上方出现“人脸跟随已开启”的提示。

4. 这样在录制过程中，只要将相机镜头对准人物，人物的面部将全程保持在画面中心位置。

自拍跟随

开启“自拍跟随”时，当屏幕旋转至自拍方向时，相机会自动识别最近的人脸并开启跟踪，切换回前摄时停止跟踪。此模式适合手持自拍 Vlog，无须手动操作即可实现人物居中，使用该模式的具体操作如下。

在视频拍摄界面，从屏幕顶部边缘向下滑动，进入系统控制中心界面，点击“自拍跟随”图标，开启“自拍跟随”功能。

按一下拍摄按键回到拍摄界面，按三下五维摇杆将镜头旋转至自拍方向，此时如果屏幕中有人，相机便会自动识别人脸，在屏幕上方出现“人脸跟随已开启”的提示，并在人脸周围出现绿色边框。

按一下拍摄按键，开始拍摄后，镜头会自动跟随人脸转动，并保持人脸居中。

预构图跟随

在“预构图跟随”模式下，可以手动选择人物在画面中的构图位置（屏幕显示九宫格），通过摇杆将构图点对准目标后锁定。此后，无论人物如何移动，镜头都会自动调整云台方向，确保目标始终处于预设位置，降低了运镜的复杂度，使用该模式的具体操作如下。

1. 在视频拍摄界面，点击屏幕左侧的图标，进入智能云台辅助功能界面，选择“预构图跟随”选项。

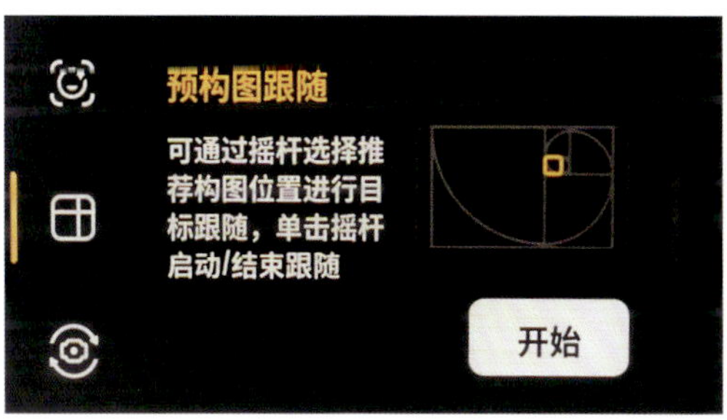

2. 点击开始按钮，回到拍摄界面，此时可以看到智能云台辅助功能图标变成了预构图跟随图标，并且屏幕中多了 9 个方格，控制五维摇杆可以控制黄色方格在九宫格中移动。

3. 将黄色方格移动到人物面部区域，按一下五维摇杆，会出现与智能跟随相同的绿色边框，并在屏幕上方出现“智能跟随已开启”的提示。

4. 按一下拍摄按键开始录制，在录制过程中相机会自动调整运镜，确保人脸始终位于预设位置。

旋转运镜

通过创新的三轴机械云台与智能算法协同，创作者可以轻松地实现平滑的镜头旋转效果，单手即可完成 90° 或 180° 的匀速运镜。这一模式不仅简化了传统复杂的手动运镜操作，还支持创意构图与动态视角切换，尤其适合拍摄转场画面、环境展示或艺术性镜头语言表达。无论是横拍、竖拍还是自拍场景，旋转运镜功能均能通过直观的触控或摇杆操作触发，大幅降低专业运镜的技术门槛，让普通创作者也能拍出具有电影感的流畅画面。

在旋转运镜模式中，提供了 90° 和 180° 两个选项。当选择 90° 时，单击五维摇杆或点击相机屏幕上的 图标即可启动旋转运镜，点击 图标，镜头将在横滚轴方向上逆时针旋转 90° ，点击 图标，镜头将在横滚轴方向上顺时针旋转 90° 。

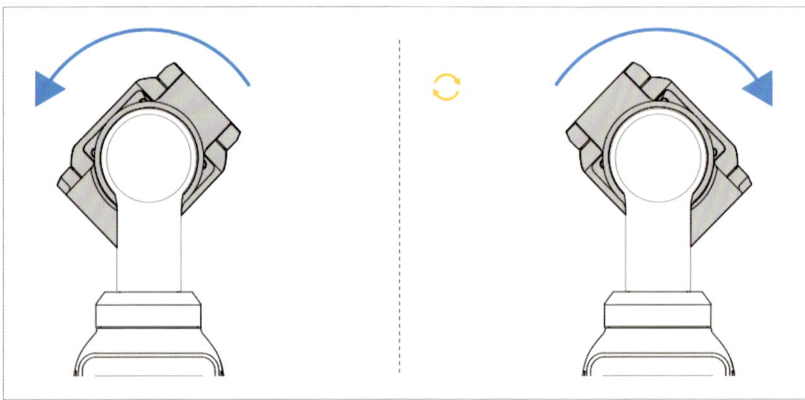

当选择 180° 时，单击五维摇杆或点击相机屏幕上的 图标启动旋转运镜，此时云台将先回中且镜头朝上，镜头在平移轴方向旋转 180° 。

对于旋转运镜的具体操作，这里以使用 180° 旋转运镜拍摄一段视频为例进行讲解。

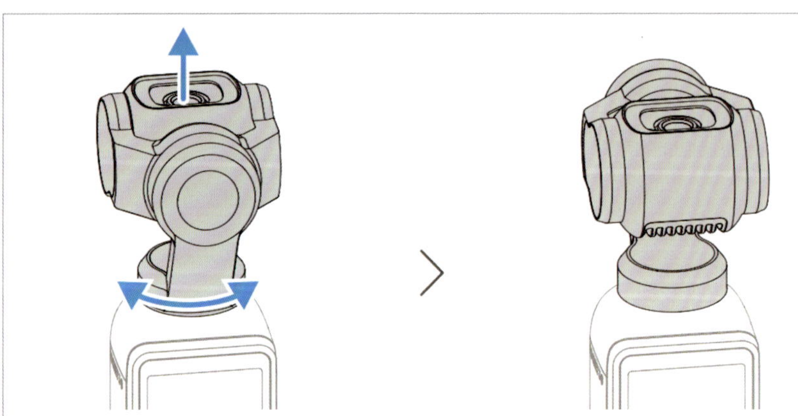

1. 在视频拍摄界面，点击屏幕左侧的图标，进入智能云台辅助功能界面，选择“旋转运镜”选项。

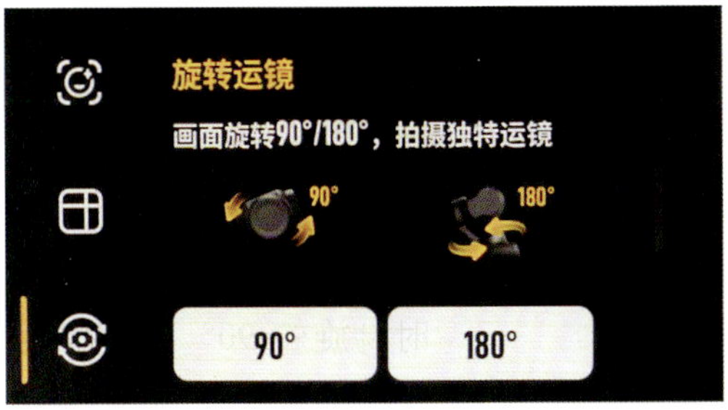

2. 点击 180° 按钮，回到拍摄界面，此时可以看到智能云台辅助功能图标变成了旋转运镜图标，并且屏幕左侧多出了图标。

3. 此时屏幕上方出现“请倾斜握持相机，单击摇杆或点击屏幕图标启动旋转运镜”的提示。

4. 在开始旋转运镜前需要先按一下拍摄按键开始录制，再单击摇杆或点击屏幕上的图标启动旋转运镜，同时握持相机向前匀速移动，云台将会顺时针旋转180° 。

5. 当旋转结束后，云台将不再旋转。此时需要再次单击摇杆或点击屏幕上的图标启动旋转运镜，云台将会逆时针旋转180° ，镜头将会回到开始的位置。

6. 等待云台旋转结束后，按一下拍摄按键，一段旋转运镜的视频就录制完成了，将视频导入视频处理软件，将旋转之前的部分裁掉，就生成了最终的旋转运镜视频。

利用手机遥控 Pocket

下载专用 App——DJI Mimo

DJI Mimo App 是大疆专为手持云台设备（如 Osmo Action 系列、Osmo Pocket 系列及 Osmo Mobile 系列等）设计的全能型应用，集设备控制、视频剪辑、直播及创意功能于一体。该应用支持通过蓝牙或 Wi-Fi 远程连接设备，实时预览拍摄画面并调整相机参数，同时提供 AI 智能剪辑功能，可自动识别画面主题、筛选高光片段并匹配模板一键成片，大幅度简化创作流程。

通过手机应用市场搜索 DJI Mimo App 官方应用，如下左图所示，完成下载后点击安装包启动安装流程。安装完成后打开 DJI Mimo App 即可进入其首页，如下右图所示。

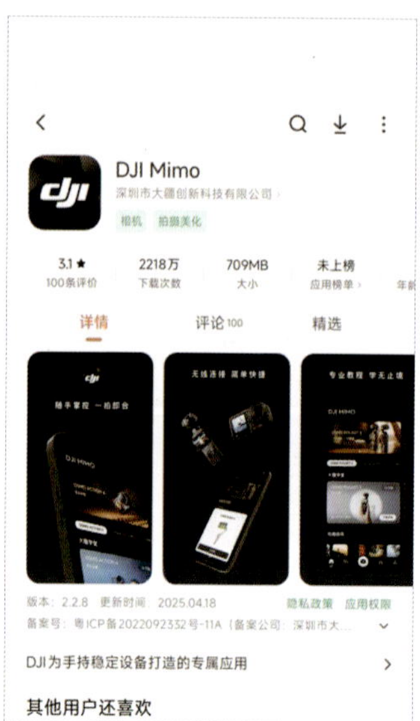

在首页的大疆学堂右侧点击“查看全部”选项，可以在跳转到的界面中选择关注哪个产品的教学内容，如下左图所示。选择 Osmo Pocket 3 选项，根据熟悉程度选择对应的阶段，即可进入学堂查看相关设备的教学视频及说明书等，如下右图所示。

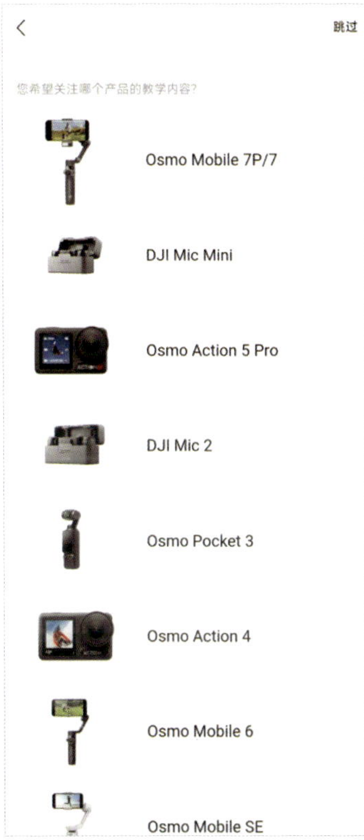

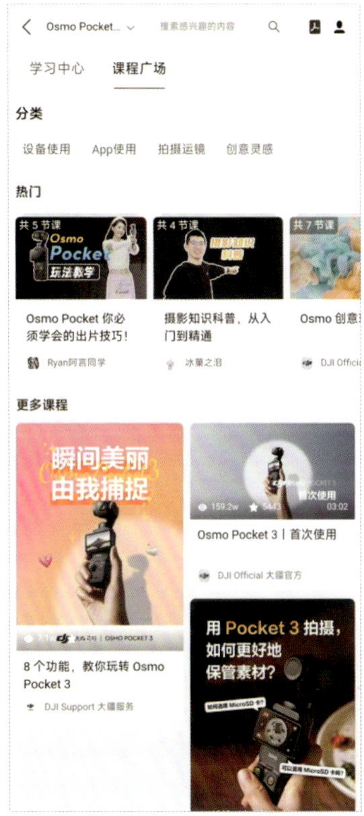

在首页点击按钮，可以查看并管理手机本地存储的素材，以及 DJI 设备拍摄的内容。

在首页点击按钮，进入编辑界面，点击“开始创作”按钮，导入已拍摄的视频或照片进行剪辑。如果希望快速生成精彩短片，可以点击“一键成片”功能，系统会自动分析素材内容，智能匹配背景音乐和转场特效，直接生成成片。此外，在编辑界面下方还提供了多种风格化模板，创作者可以选择喜欢的模板一键套用，轻松制作同款大片。

连接 DJI Mimo App

1. 开启大疆 Osmo Pocket 3。

2. 将手机 Wi-Fi 和蓝牙功能打开，运行 DJI Mimo App，点击首页的 按钮，DJI Mimo App 会弹出获取访问照片和视频权限的提示窗口，如右侧左图所示，点击“允许访问全部”按钮。

3. 继续点击 按钮，DJI Mimo App会弹出“提示”面板，为了能正常扫描到设备，需要获得位置服务权限，如右侧右图所示。

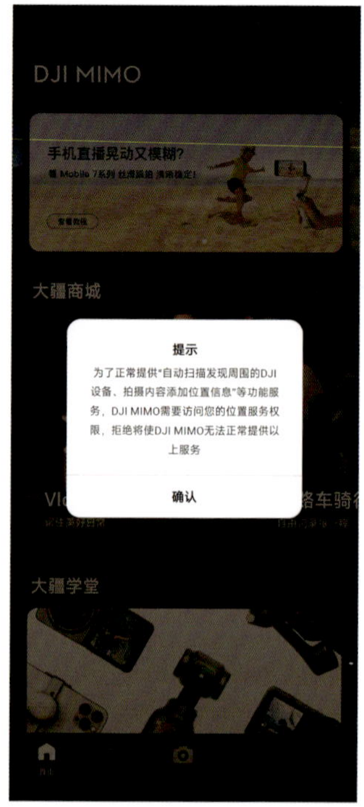

4. 点击“确认”按钮，DJI Mimo App 会弹出获取位置信息权限的提示面板，如下图所示，选择“精确位置”选项，点击“仅在使用中允许”按钮。需要注意的是，权限提示选项在不同的手机中显示的内容及选项是不一样的，选择相同意思的选项即可。

5. 紧接着会弹出是否允许“DJI Mimo”发现并连接到附近设备权限的提示面板，如下图所示，点击“始终允许”按钮。

6. 此时 DJI Mimo App 开始搜索附近的设备，搜索到设备后便会弹出设备连接界面，如右侧左图所示。

7. 点击“连接”按钮，此时 DJI Mimo App 中会弹出验证码界面，大疆 Osmo Pocket 3 的屏幕中也会显示验证码界面，如右侧右图所示。如果两个验证码是一样的，点击大疆 Osmo Pocket 3 屏幕中的“接受”按钮。

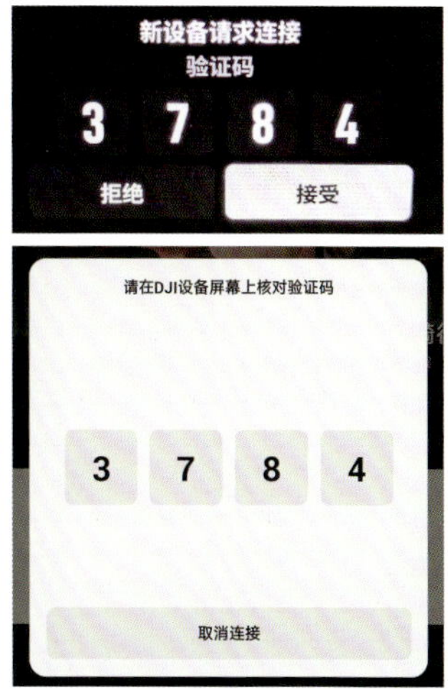

8. 此时 DJI Mimo App 开始与设备连接，同时会弹出“连接到设备”的权限请求面板，如右侧左图所示，点击“连接”按钮。

9. 连接成功后，DJI Mimo App 会跳转到 Osmo Pocket 3 的相册界面，而大疆 Osmo Pocket 3 的屏幕也会跳转至正在回放界面，如右侧右图所示。

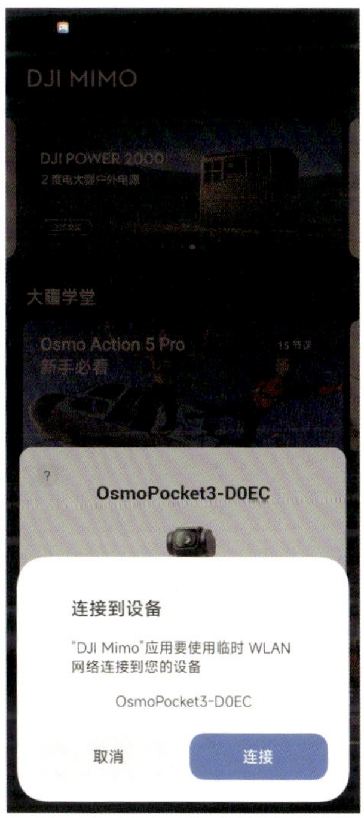

10. 再次点击 按钮，就可以在 DJI Mimo App 中显示相机的操作及拍摄界面了，如右图所示。

在 DJI Mimo App 中下载及编辑素材

Osmo Pocket 3 通过 DJI Mimo App 可实现高效的素材管理与专业级编辑。创作者可通过 Wi-Fi 或蓝牙连接设备，直接在 App 内下载相机素材至手机，完成一键成片、调速、倒放、多轨道编辑等操作，并可精细地调节亮度、饱和度等参数，具体操作如下。

1. 运行 DJI Mimo App，使其与大疆 Osmo Pocket 3 完成连接，点击首页的按钮进入相册界面，如右侧左图所示。

2. 点击相册中的图像，会跳转到图像预览界面，在该界面中可以查看图像信息、下载图像、收藏图像以及删除图像，如右侧右图所示。

3. 点击相册中的视频，会跳转到视频预览界面。同样，在该界面中可以查看视频信息、下载视频、收藏视频、播放视频及删除视频。此外，还可以编辑视频，DJI Mimo App 提供了修剪、滤镜、调色、美颜及截屏功能，省去了创作者下载完素材后再去剪辑软件中调整的烦琐操作，如右侧左图所示。

4. 如果想要批量操作相册中的图像及视频，可在相册界面点击右上角的按钮，此时可以批量选择图像及视频，对它们进行收藏、下载及删除操作，如右侧右图所示。

DJI Mimo App 相机界面

当将手机与 Pocket 连接后，创作者可以在手机上获得更便捷、专业的拍摄体验。App 提供了高清实时监看功能，便于用户精准构图；支持专业参数调节（如曝光、ISO、白平衡等）和智能拍摄模式（如智能跟随 6.0、延时摄影），从而实现远程操作相机进行拍摄，对于 App 中的相机界面，与 Osmo Pocket 3 中拍摄界面图标还是有些区别的，接下来将详细讲解 App 中的相机界面。

需要注意的是，在不同的拍摄模式下，相机界面显示会有些许差异，下面将以视频拍摄界面为例进行讲解。

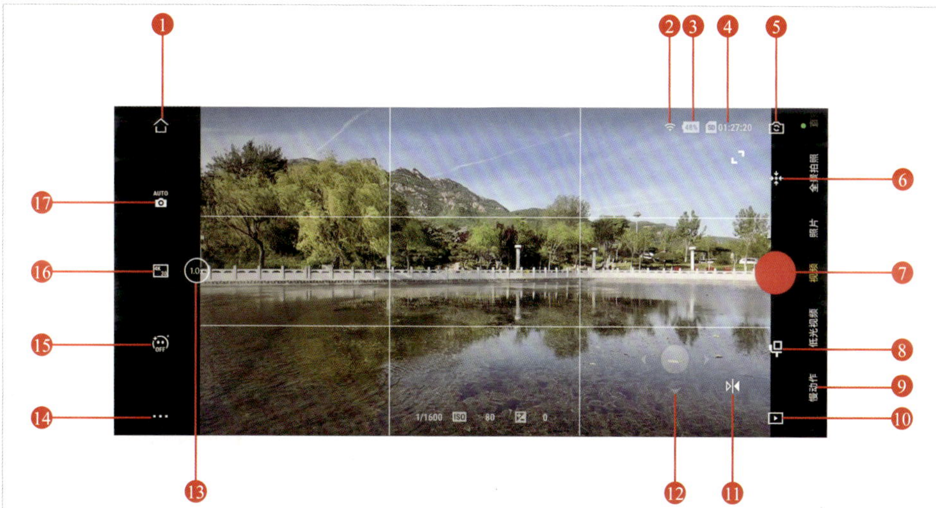

在拍摄界面点击屏幕可进行对焦及点测光，手指在屏幕上画框可开启智能跟随。

❶ 主页：点击它可返回 App 首页。

❷ Wi-Fi 连接：显示 Wi-Fi 连接强度。

❸ 电池电量：显示相机电池电量。

❹ microSD 卡信息：显示可存储的照片数量或可拍摄时长。

❺ 云台翻转：点击它可切换相机前后朝向。

❻ 云台回中：点击它可使云台恢复至当前朝向中位。

❼ 拍摄按钮：点击它可以开始或停止拍摄。

❽ 云台设置：可设置云台模式及云台转向速度。

❾ 拍摄模式：点击它可切换拍摄模式。

❿ 回放：点击它可进入回放界面，可管理手机本地及 DJI 设备素材。

⓫ 镜像：点击它可设置将取景界面进行镜像。

⓬ 虚拟摇杆：左右滑动控制镜头在平移轴方向上运动，上下滑动控制镜头在俯仰轴方向上运动。

⓭ 变焦：显示当前变焦倍率。指尖在屏幕上作放大、缩小手势可实现变焦。

⑭ 设置：设置拍摄参数，包括“简单”和 PRO 两种模式。开启 PRO 模式后，可提供视角、曝光、白平衡等参数。当处于不同拍摄模式时可以设置不同的参数。

⑮ 美颜：点击该图标可以进入美颜设置界面，可开启或关闭美颜功能，并调整相关美颜参数。

⑯ 拍摄规格参数：点击它可设置分辨率、帧率等拍摄规格参数。

⑰ 拍摄参数：开启 PRO 模式，点击它可设置 EV、快门速度、ISO 等拍摄参数。

使用 DJI Mimo App 开启直播

大疆 Osmo Pocket 3 通过 DJI Mimo App 可实现专业级无线直播。创作者只需在 App 内简单设置直播参数，即可通过 Wi-Fi 连接将 4K 高清画面实时推流至抖音、微信、bilibili、快手等多个主流平台。在直播过程中，App 提供实时画面监看功能，并可同步调用智能跟随 6.0 和美颜滤镜等实用功能。同时，创作者还能通过 App 精确调节麦克风音频参数，既可选择手机网络，也可使用 Wi-Fi 进行传输，确保直播信号稳定、流畅，具体操作如下。

1. 运行 DJI Mimo App，使其与大疆 Osmo Pocket 3 完成连接，进入 DJI Mimo App 的相机界面，如下图所示。

2. 点击界面右侧的“直播”选项，切换拍摄模式，跳转到选择直播平台界面，如下页上左图所示。

3. 选择抖音平台，点击“开始直播设置”按钮，跳转到授权抖音账号界面，如下页上右图所示。需要注意的是，登录的抖音账号需要已经获得直播权限，否则将无法跳转到授权界面。

4. 在开启直播前，App 会弹出相机联网设置、确保网络稳定及手动连接 Wi-Fi 的提示面板，如下图所示。

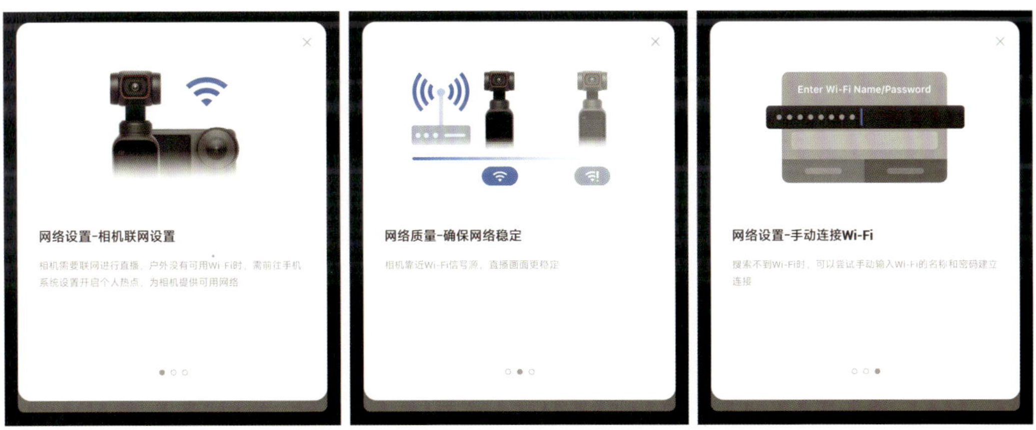

5. 在“直播设置”界面的“相机联网状态”下拉列表中选择 Wi-Fi 连接，根据情况在下方设置直播的分辨率、帧率及直播码率，如下页上左图所示，点击“开始直播”按钮。

6. 开始直播后，App 将会跳转至“直播中”界面，如下页上右图所示。

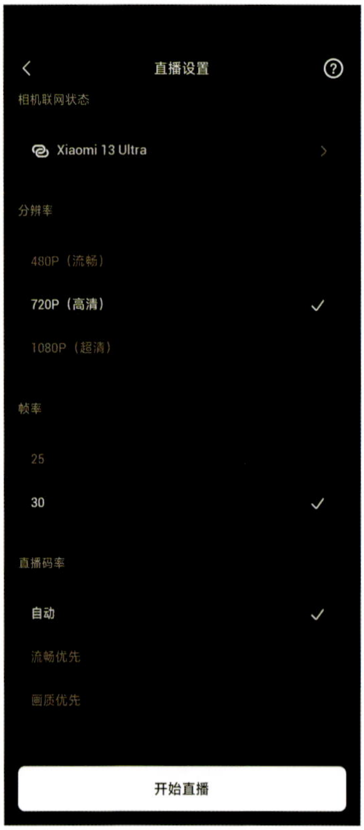

7. 此时大疆 Osmo Pocket 3 屏幕的下方会显示 Live 图标，表示现在正在直播，如下图所示。在直播过程中，五维摇杆、智能跟随、变焦等功能都是可以正常使用的。

第 2 章　Action 5 Pro 的核心功能与性能

Action 5 Pro 部件及主界面功能介绍

前面板

❶ 前置屏

前置屏幕为 1.46 英寸 OLED 高亮触摸屏，支持 800 cd/m² 的常规亮度，在强光下仍能清晰显示。屏幕采用钢化玻璃材质，覆盖 AF 防护镀膜，具备防摔、防刮和湿手触控能力。支持 D-Log M 灰片色彩还原，便于拍摄时精准监看色彩与曝光；熄屏状态下可低功耗显示录制参数（如规格、时长），避免夜间干扰。

❷ 镜头

镜头采用 155° 超广角，光圈为 f/2.8，支持 35cm 至无穷远的泛焦对焦，无须手动调整即可清晰地拍摄运动场景。配合 1/1.3 英寸 4000 万像素传感器，可拍摄 4K 120fps 视频和 4000 万像素静态照片，兼顾高动态范围和低光表现。此外，镜头支持电子防抖，并兼容水下 20m 裸机防水，适合极限环境拍摄。

❸ 麦克风

麦克风采用 3 麦克风立体声阵列设计，结合大疆的自研技术，能显著提升收音清晰度及抗噪能力。麦克风隐藏于机身正面面板的横缝中，支持 3 挡降风噪调节，在户外强风环境下仍能保持人声收录的纯净度。

❹ 色温传感器

色温传感器位于相机正面 LOGO 字母“O”处，采用隐藏式设计避免遮挡。该传感器能精准识别复杂光照环境下的色温变化（如暖光、白光混合场景），尤其是在潜水等特殊环境中可实现实时色温纠偏，避免因拍摄角度变化导致的色温跳动问题。同时，还能准确判断环境灯光频闪并进行有效抑制，配合机身算法使直出色彩更接近真实效果。

侧面板

❶快速切换按键

快速切换按键位于机身左侧，支持短按和长按两种操作：短按可唤醒相机或切换拍摄模式（如切换拍照 / 录像模式），长按 1 秒则用于开启或关闭相机电源。

在录制视频（包括慢动作视频）过程中，通过短按此按键可在拍摄素材中标记“高光时刻”，以便后期剪辑时快速定位某个镜头，减少寻找素材的时间。

❷USB-C 接口保护盖（内置 USB-C 接口）

USB-C 接口保护盖采用密封设计，确保裸机水下 20 米防水性能，需完全闭紧以维持防水性。该保护盖覆盖内置 USB-C 3.0 接口，支持 80MB/s 高速数据传输和 30W 快充。

❸压力传感器

压力传感器位于机身底部开孔处。该传感器可精准记录水下深度（支持 EN13319 潜水认证标准）和海拔，并实现入水 1 米自动开启录制，出水自动停止，同时支持在视频画面中实时显示深度 / 海拔信息。

❹电池仓保护盖（内置 microSD 卡槽）

保护盖采用按压解锁按键后推开的机械结构，需避免直接硬推以防损坏密封性，若未完全闭合可能导致进水风险，但在正常扣合状态下可通过严苛的防水测试。microSD 卡槽集成在电池仓保护盖内，支持最大 1TB 容量的存储卡扩展，支持高速读写以满足 4K/120fps 等高规格拍摄需求。

❺ 拍摄按键

拍摄按键位于机身顶部，采用防误触设计，需稍用力按压触发。短按可拍摄照片或启动 / 停止录像；关机状态下长按则通过 SnapShot 功能直接启动拍摄（按预设模式记录画面），拍摄结束后若 3 秒无操作会自动关机，适合抓拍转瞬即逝的瞬间。

❻ 扬声器

扬声器位于机身顶部，开孔布局调整后提升了外放音质清晰度，适合户外场景快速回放录制内容。

后置屏幕及主界面功能

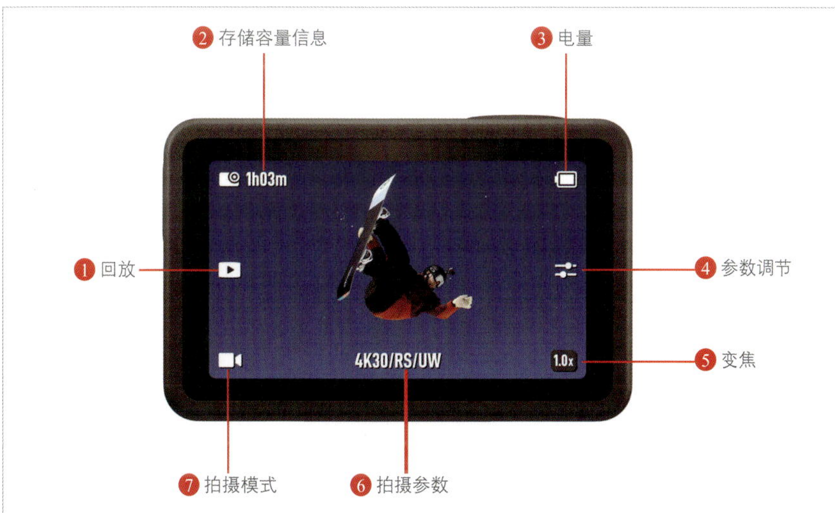

后置屏幕

后置屏幕升级为 2.5 英寸 OLED 触摸屏，峰值亮度 1000 cd/m²，支持高对比度和生动的色彩，适合户外强光环境下的监看。屏幕采用钢化玻璃防护，支持湿手触控，并新增熄屏显示功能（低功耗显示录制参数），同时兼容 D-Log M 灰片色彩还原，便于专业拍摄时的曝光与色彩校准。

主界面功能

❶ 回放：点击回放图标，进入回放界面，屏幕显示最后拍摄或回放的图像。

❷ 存储容量信息：显示内置存储或 microSD 卡的存储容量，剩余可存储照片数量或可拍摄时长。

❸ 电量：显示相机的电池电量，点击图标可查看详细电量。

❹ 参数调节：点击后调整图像和音频参数。

❺ 变焦：长按变焦倍率打开变焦环后，支持滑动调节变焦。

❻ 拍摄参数：点击参数可调整拍摄和录制参数。

❼ 拍摄模式：点击图标后滑动屏幕选择不同的拍摄模式。

触摸屏操作

相机开机后，前后触摸屏显示相机拍摄界面，通过点击或滑动触摸屏幕，选择所需功能。注意：前后触摸屏不能同时进行操作，在其中一块触摸屏上进行操作时，另一块触摸屏将被锁定。

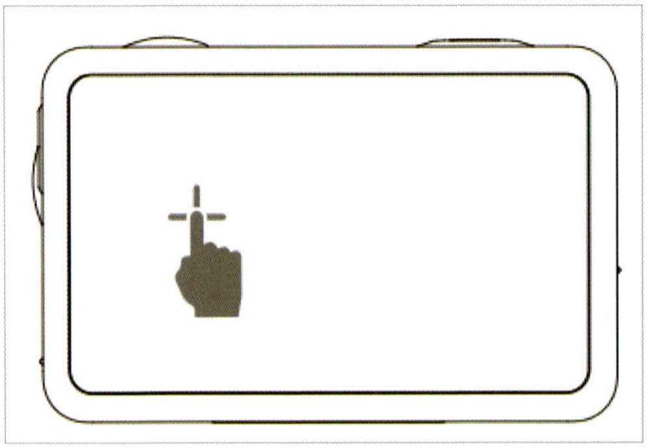

点击屏幕两侧图标进行回放、图像设置。

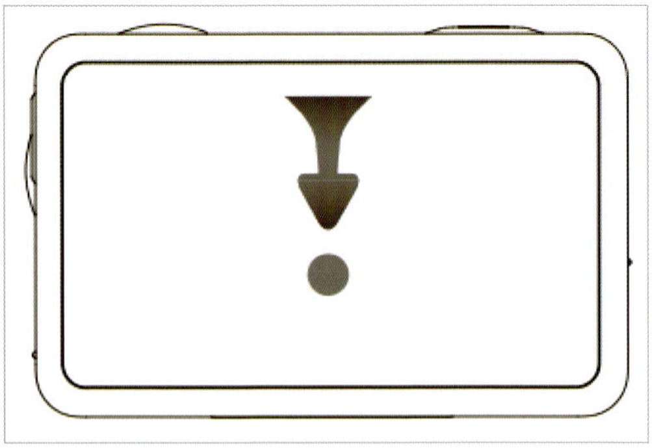

从顶部边缘下滑进入控制中心。

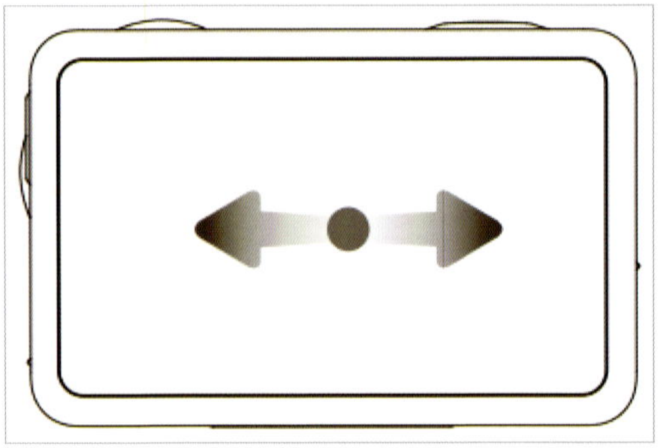

在屏幕中央左右滑动进行拍摄模式的切换。

从底部边缘上滑进行拍摄参数设置。

拍摄模式

拍照

此设备的拍照模式支持最高 4000 万像素（7296×5472）的静态照片拍摄，具备 3 秒 30 张的高速连拍能力，并支持倒计时拍摄，以及标准（带畸变矫正）、广角视角切换，能满足不同场景的拍摄需求。

视频

此设备在视频拍摄方面表现出色，支持 4K/120fps 的高规格录制，并可根据需求灵活选择多种分辨率与帧率组合。特别值得一提的是，它新增了 HLG 模式和 10-bit D-Log M 色彩曲线，不仅能够呈现更宽广的动态范围，还为后期调色提供了更大的创作空间。在实际拍摄中，更宽广的动态范围意味着相机可以完美应对高对比度场景。比如，在日出日落时分，它能同时保留天空的绚丽色彩和地面景物的丰富细节；在拍摄逆光人像时，既能避免背景过曝，又能清晰地呈现人物面部；或者在舞台表演等明暗对比强烈的场景中，可以完整地保留亮部与暗部的层次感。这种特性让画面更接近人眼所见的真实效果，为风光、建筑、人像等题材的创作提供了更多可能。相机搭载了 155° 超广角镜头，配合先进的畸变控制技术，创作者可以根据拍摄场景自由切换标准（带畸变校正）和广角两种视角模式。无论是需要精准还原的标准视角，还是追求视觉冲击力的广角画面，都能轻松应对。更令人惊喜的是，该相机配备了超强增稳 RS+ 和地平校正等多项防抖技术，在保证专业级画质的同时，也极大地提升了手持拍摄的稳定性和便捷性。这些功能的完美结合，让创作者在各种复杂的环境下都能获得稳定、流畅的影像作品。

超级夜景

在暗光环境下，这款相机的“超级夜景模式”能够带来令人惊艳的拍摄体验。得益于 1/1.3 英寸大底传感器和先进的 AI 降噪算法，即使在弱光条件下，也能呈现出异常纯净的画面和丰富的细节层次。无论是拍摄静态照片还是动态视频，都能获得出色的画质表现。特别值得一提的是，该模式支持 4K/60fps

的高清视频录制（需通过固件升级实现），同时，对 4K/30fps 的视频画质进行了全面优化，使色彩过渡更加自然平滑。创作者可以根据实际需求，在标准（带畸变校正）和广角两种视角模式间自由切换，为专业级的低光拍摄提供了更多创作可能。无论是拍摄璀璨的城市夜景、浪漫的星空，还是记录昏暗环境下的重要时刻，这款相机的超级夜景模式都能轻松应对，拍出专业级的影像。

人物跟随

这款相机搭载了“智能人物跟随模式”，通过先进的图像识别和实时跟踪算法，能够自动锁定画面中的人物并持续精准跟随。当检测到人物时，系统会先用黄色框进行提示，确认锁定后即转为绿色跟踪框，确保被摄主体始终保持在画面中心位置。该模式特别贴心地同时支持横拍（16∶9）和竖拍（9∶16）两种构图方式，虽然输出分辨率限定在 2.7K，但完全能满足日常拍摄需求。使用时只需确保人物出现在画面中即可自动激活，系统会优先识别居中位置的主体。这项功能尤其适合骑行、滑雪等运动场景，在这些需要专注运动本身而不便手动构图的情况下，人物跟随模式能有效解放双手，大大简化拍摄流程。无论是记录户外探险的精彩瞬间，还是拍摄运动训练的专业画面，都能轻松获得稳定流畅的跟拍效果。

慢动作

此相机配备了专业的“慢动作”拍摄功能，能够以 4 倍或 8 倍慢速记录精彩的瞬间。通过高帧率拍摄技术，相机可以将转瞬即逝的动作细节完美地呈现，生成播放速度仅为正常速度 1/4 或 1/8 的慢动作视频，捕捉到肉眼难以察觉的细微动态。在慢动作模式下，相机将自动分离视频和音频文件。拍摄时仅记录视频画面，而声音被单独存储为一个音频文件。这些文件会被保存在同一目录下，方便创作者通过电脑连接导出后进行后期编辑和处理。无论是记录水滴飞溅的唯美瞬间，还是捕捉运动场上的精彩动作，这项功能都能让创作者拍出极具视觉冲击力的影像作品。

延时摄影

延时摄影包括“运动延时”和“静止延时”。在使用延时摄影录制视频时，相机将按照设定的拍摄间隔抽取视频帧，将长时间活动的录制画面转化成设定时长的视频。

运动延时适合在相机移动时（如车载、手持移动）拍摄稳定的延时视频。静止延时适合在相机位置固定且处于静止状态时拍摄延时视频。静止延时包含游人如织、云卷云舒、日出日落 3 种预设，可满足拍摄街景人流、云彩变化、日落等常见的长时间变化的景物。创作者也可自行设置拍摄间隔和生成视频时长。

系统控制中心

从触摸屏主页顶部下滑，进入系统控制中心。

自定义模式

点击“自定义模式”图标可以创建或管理自定义模式。在保存当前拍摄设置界面中，点击“保存自定义模式”图标，即可将当前的拍摄模式、拍摄基础参数、增稳模式、图像设置等保存到自定义模式，同时系统还提供了滑雪、骑行等丰富的运动场景标签方便用户分类。保存后可直接调用对应预设，实现相似场景下的快速参数匹配，显著提升拍摄效率。

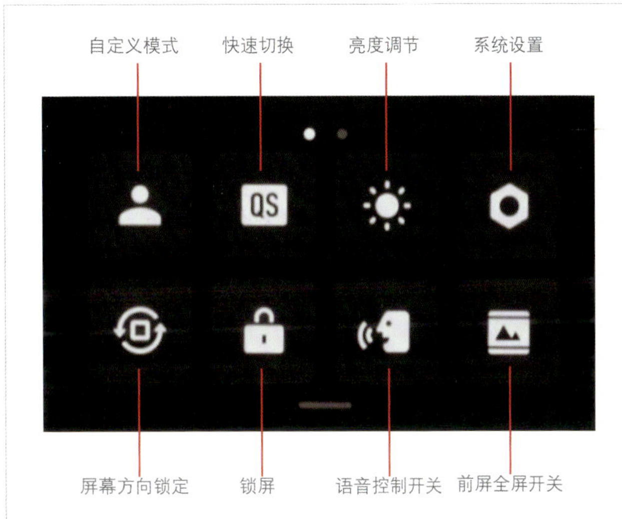

常用场景参数推荐如下。

1. 日常 Vlog/ 生活记录

分辨率：4K/16：9

帧率：30/60fps

防抖模式：超强增稳（RS）

视角：拍风景使用“广角 / 超广角”，拍人使用“标准”

2. 骑行

分辨率：4K/16：9

帧率：60fps

防抖模式：超强增稳（RS）

视角：广角 / 超广角

3. 滑雪

分辨率：4K/16∶9

帧率：60fps

防抖模式：地平校正（HB）

视角：标准

4. 潜水

分辨率：4K/16∶9

帧率：60fps

防抖模式：超强增稳（RS）

视角：广角

5. 钓鱼

分辨率：4K/16∶9

帧率：30fps

防抖模式：超强增稳＋（RS+）

视角：广角

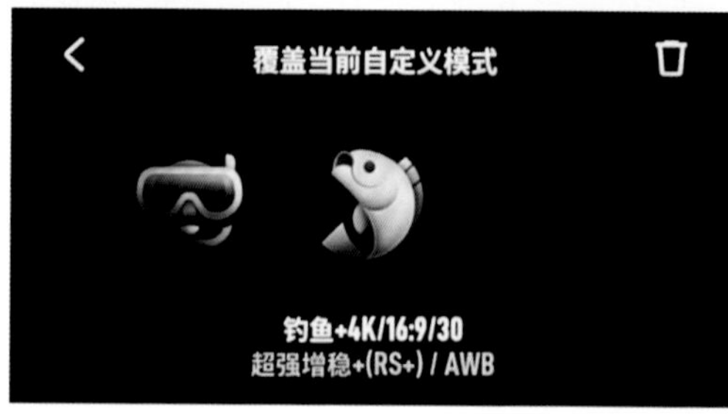

快速切换

点击“快速切换”图标可以设置按键功能及进行切换模式管理。用户可将快速切换设置为 3 种功能之一：切换模式（循环切换预设拍摄模式）、开始 / 结束预录制（保留触发前 2 秒素材）或锁定屏幕（禁用触控操作）。

仅当将“按键功能”设为“切换模式”时，“切换模式管理”选项才可启用，否则呈灰色不可用状态。

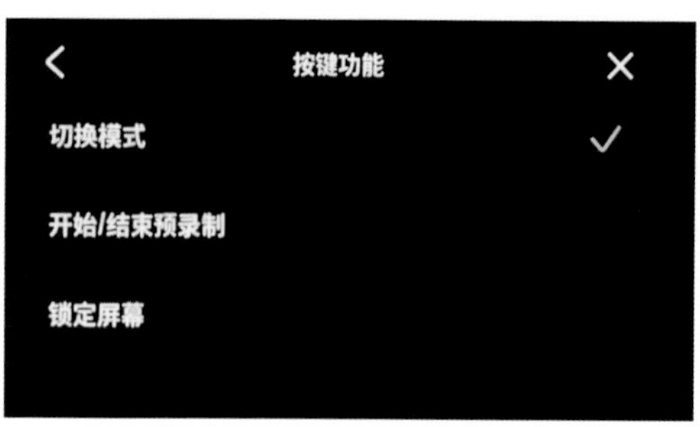

在“快速切换”管理界面，可以选择是否开启提示语音，开启“提示语音”后，短按“快速切换”按键，相机将语音播报当前拍摄模式。例如，短按“快速切换”按键，将模式切换为自定义的骑行模式，便会播报“骑行视频”语音；还可以勾选“切换屏幕”单选按钮，如果勾选该单选按钮，系统将会自动开启“单屏预览（锁屏后熄屏）”功能，此时短按“快速切换”按键一次，可以切换前后屏幕使用。

除此之外，该界面还有多种切换模式可供选择，如自定义模式（骑行、滑雪、钓鱼等）和系统自带的拍照、视频、慢动作、静止延时、运动延时、回放模式。

在此需要特别对前面提到预录制功能做简单讲述，因为该功能稍有一些反常识。在此开启功能的情况下，实际上相机时刻处于录制状态，但每过 2 秒就会删除前面的预录制内容，只有当创作者按下录制键时，才会将缓冲区的 2 秒素材与正式录制内容合并，因此，当开启此选项时相机会更耗电。但由于这项智能技术让创作者无须精准预判，因此特别适合捕捉突发性精彩瞬间，如体育赛事、野生动物活动或生活惊喜时刻，能显著提高拍摄成功率。

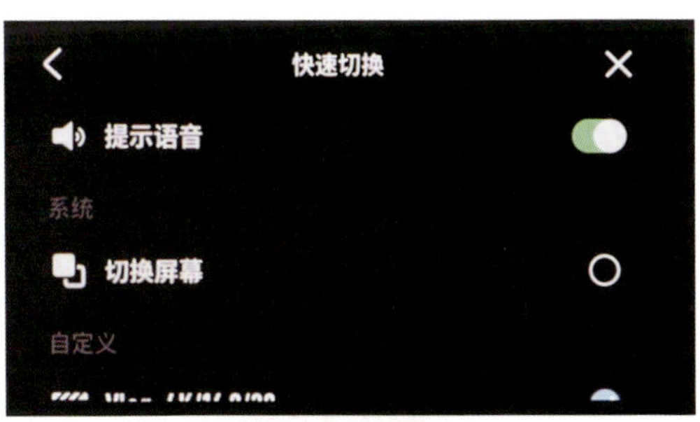

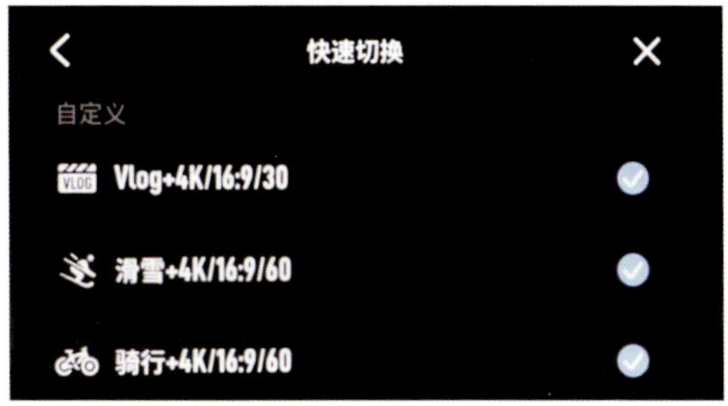

系统设置

点击“系统设置”图标可以在“系统设置”界面设置“SnapShot”“单屏预览（锁屏后熄屏）”“无线麦克风”“U 盘模式”“时间码”等选项，各选项功能会在下一节详细讲解。

屏幕方向锁定

点击“屏幕方向锁定”图标后可以锁定相机屏幕方向。锁定屏幕方向后相机屏幕显示将不再自适应相机方向。

锁屏

点击“锁屏”图标可以锁定相机前后屏幕。锁屏后向上滑动可立即解锁。

前屏全屏开关

点击“前屏全屏”图标可以切换前置触摸屏全屏或非全屏显示。

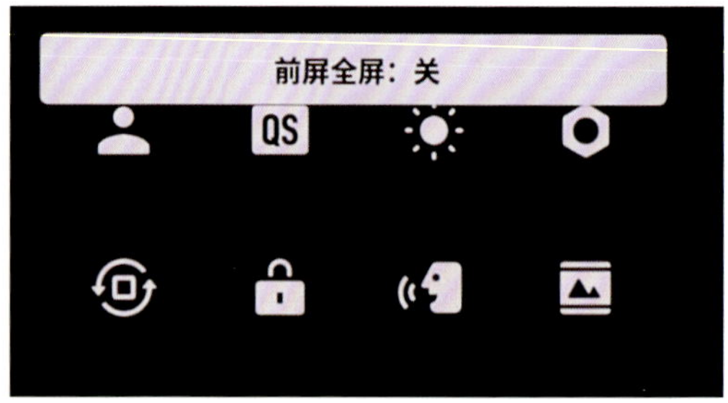

语音控制开关

点击“语音控制”图标可以开启或关闭语音控制功能。开启后，创作者只需说出预设的语音指令，如“开始录制”“停止拍摄”等，即可轻松操控相机。这项功能特别适合在不便手动操作的情况下使用，例如：当创作者正在进行攀岩、滑雪等极限运动时，双手需要保持平衡；或者当摄影师手持稳定器进行专业拍摄时，无须触碰相机即可完成操控。语音控制不仅提升了拍摄的便捷性，还能确保在特殊场景下获得更稳定的画面效果。

系统设置

从触摸屏主页顶部下滑，进入系统控制中心，在控制中心点击“系统设置”图标即可进入“系统设置”界面。

SnapShot

该选项可以设置在休眠或关机状态下，快速进入指定的拍摄模式进行拍摄。拍摄模式包括“自定义”“上次设置”“视频”“运动延时”等。

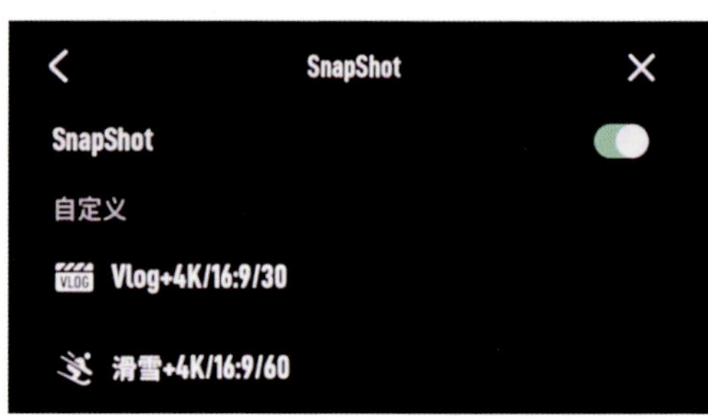

SnapShot 功能是启动相机录制视频的最便捷方式，可有效防止错过精彩画面。在休眠或关机状态下，按下拍摄按键，相机立即拍照或开启录制。拍摄结束后，若 3 秒内无任何操作，将自动关闭相机。

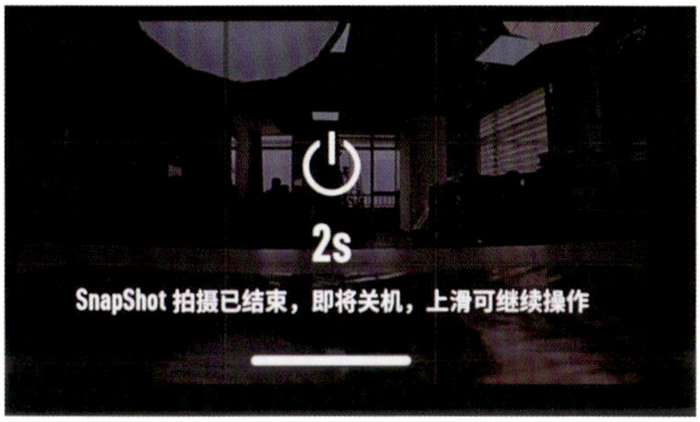

单屏预览（锁屏后熄屏）

开启该选项后，前后触摸屏只有一个会亮起，另一个屏幕将处于熄屏状态。熄屏的触摸屏可通过触摸点亮并滑动解锁后使用，解锁后另一个屏幕便会进入锁屏熄屏状态，这样设置可以有效地延长相机续航。

无线麦克风

该选项支持直连双 DJI Mic 2 发射器，且无须接收器，实现双人采访或远距离收音。连接无线麦克风后，开启该选项可监听其音量。

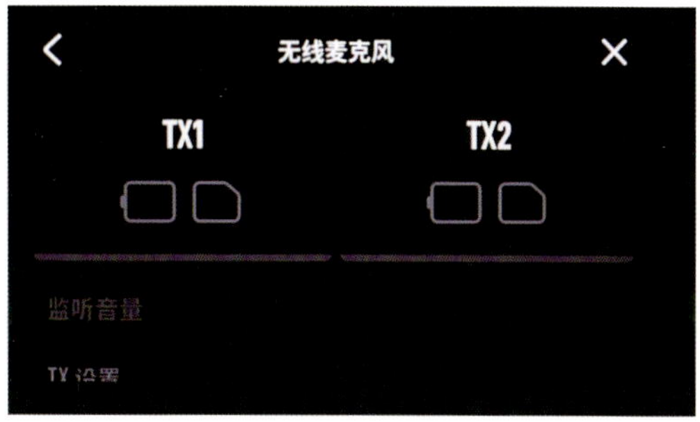

除此以外还可以对麦克风进行“LED 灯”“震动提醒”“录像同时内录”“低切”等功能的控制。

增广镜

使用增广镜模式需配合外置增广镜配件，启用后可将视角扩展至 182°，相比标准镜头在相同参数下视野范围宽度增加 26%、高度增加 24%，且画质基本无损，但需要注意的是开启后将不支持人物跟随和慢动作模式。

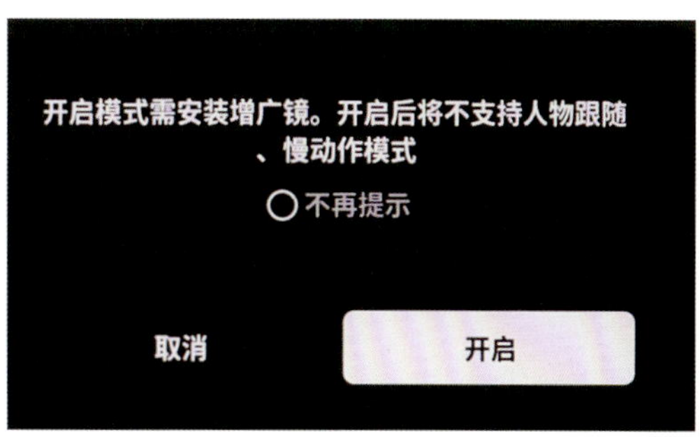

开启该选项后能显著扩大视野，适合风景、建筑或 Vlog 自拍，容纳更多场景并平衡人物比例。

语音控制

开启“语音控制”选项，可以选择中文和英语两种语言。

开启“语音控制”后，可通过相应的语音命令控制相机，中文的语音命令列表为：“开始录像”“停止录像”“拍张照片”“关闭相机”。

开启该选项后在运动或特殊场景（如骑行、潜水、滑雪等）中，创作者无需手动操作相机，只需通过语音指令即可控制相机，可以避免因操作中断动作或影响安全性。

深度 & 海拔设置

在“深度 & 海拔设置”界面中，可以设置“潜水”或“登山 / 跳伞”场景下的参数。需要注意的是，在安装防水壳以后，则不支持深度与海拔记录。

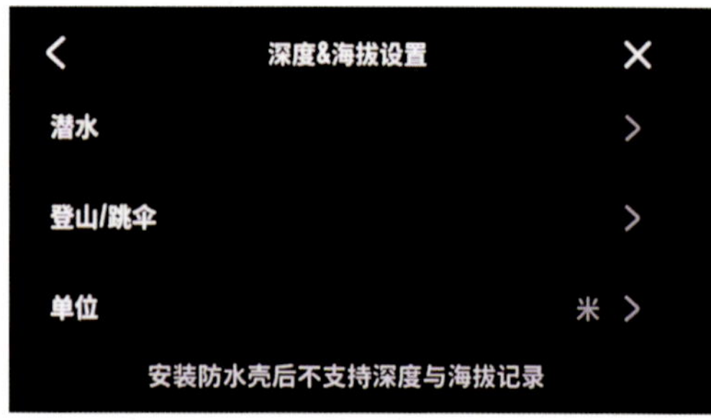

在“潜水”界面中，开启“深度显示”选项，在检测到水深 1 米时，会在主界面自动显示潜水数据；开启“自动开录”选项，在触发显示潜水数据后自动开录，同时也可在结束潜水数据记录后选择自动停录的时间或者不停录。

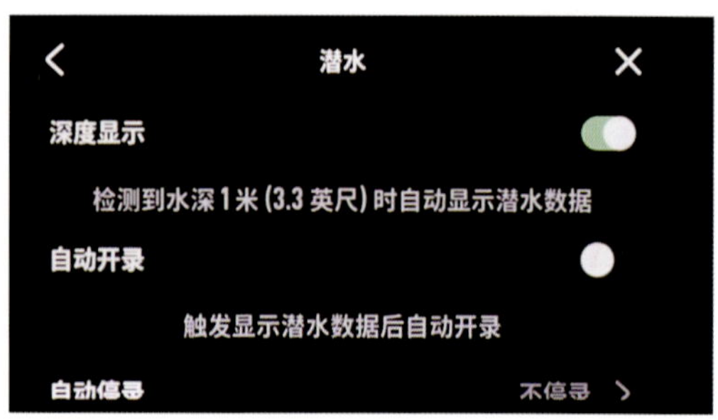

在“登山 / 跳伞”界面中，可以开启“海拔显示”，还可以选择“高度模式”并指定“触发显示海拔”，当达到指定的高度时会在主界面自动显示海拔数据。

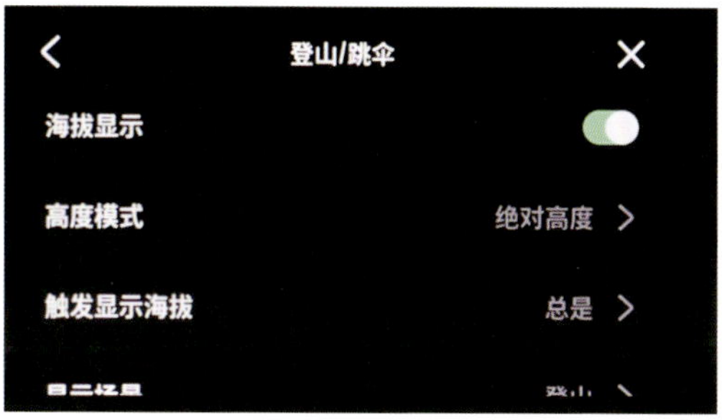

记录的数据可以通过 DJI Mimo App 的仪表盘功能以可视化的形式添加至视频素材中，更好地展示精彩运动瞬间。

熄屏显示

在“熄屏显示”界面中，可以开启“熄屏显示”功能。开启该功能后，相机熄屏后可以在屏幕中显示当前的录制信息。用户还可以开启“单屏预览时显示”，开启单屏预览时，非预览屏幕同时显示。

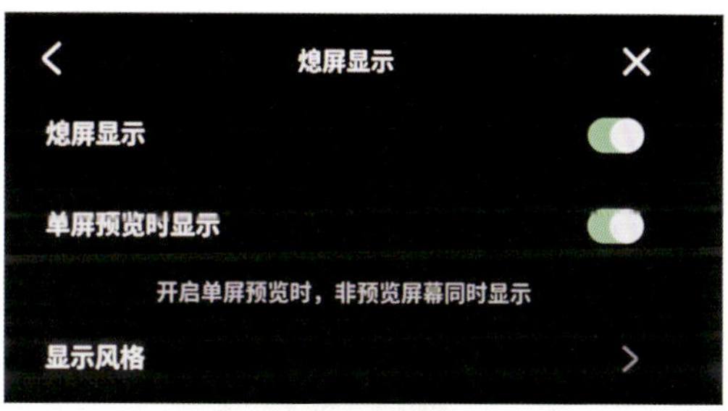

还可以在“显示风格”界面中指定熄屏后显示的内容，可以选择“完整（标准亮度）”“精简”“指示灯”3 种风格。

开录后熄屏

在“开录后熄屏”界面中，可以设置开录后多久熄屏。也就是说，使用相机开始录制视频时，到达设置的时长后，屏幕熄灭，此时不影响录制进行。

设置这个时长可以有效地延长相机续航，同时也可以防止在录屏时对屏幕进行误操作。

机身收音备份

开启“机身收音备份”功能后，当用户使用无线麦克风（如 DJI Mic 2）时，该功能会同步启用内置麦克风录制环境音，并单独保存为“.wav”格式的音频文件，实现主收音（无线麦克风）与备份收音（机身麦克风）的双轨独立录制，便于后期灵活调整或增强环境声代入感。

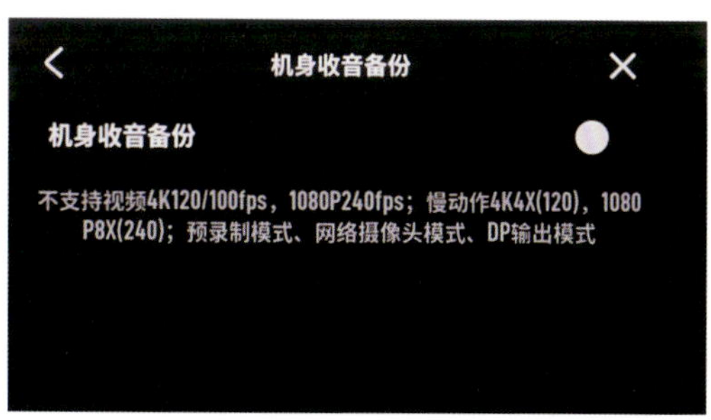

需要注意的是，该选项不支持视频 4K 120/100fps，1080P 240fps 设置；慢动作 4K 4×(120)，1080P 8×(240) 设置；以及预录制模式、网络摄像头模式和 DP 输出模式。

定时拍摄

在“定时拍摄”界面中，可以开启“定时拍摄”功能，并预设拍摄模式和开拍时间，同时还可以设置单次拍摄时长，以及循环的拍摄次数。设置完成后，相机会进入待机倒计时，并在指定时间自动开始录制，适用于需精确时间触发的场景。

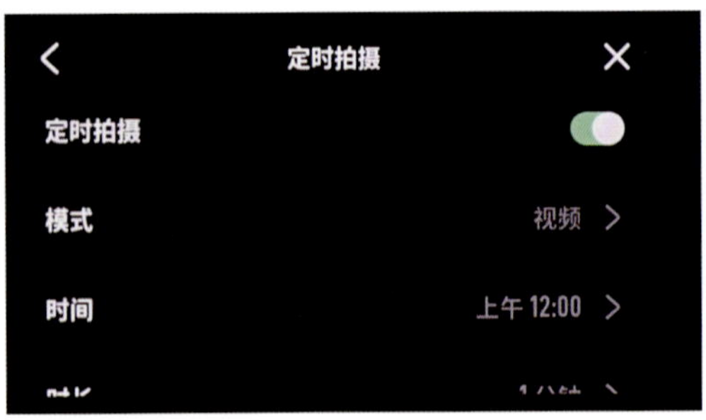

U 盘模式

使用该选项前需要先使用快充线连接相机、安卓设备、PC 设备或 MAC 设备，连接后使其被识别为外部存储设备，从而可以直接访问相机内置存储卡或 microSD 卡中的文件。

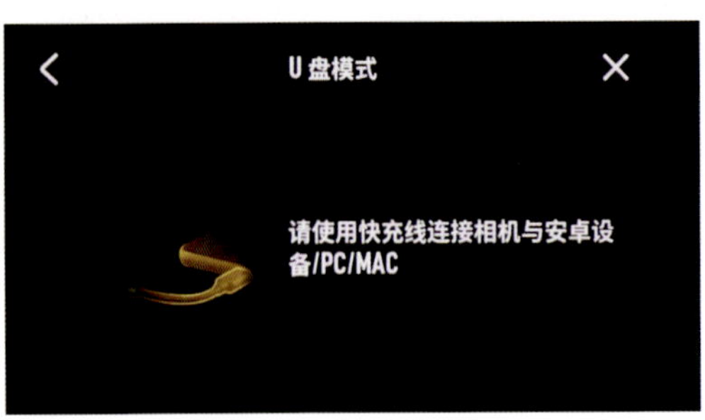

通过该选项可以方便快速地导出素材，适合在户外拍摄完成后急需导出素材或在存储空间不足时急需导出素材扩大空间的情况下使用。

无线连接

在“无线连接”界面中，可以开启“无线连接”功能，也可以查看设备的“无线信息”。

此外，还可以设置“Wi-Fi 频段”和“重置连接”选项。通过无线连接可使用 DJI Mimo App 连接相机 Wi-Fi，进行固件升级等操作。

锁屏风格

在“锁屏风格”界面中，可以自定义解锁方式，共有两种解锁风格供选择，一种是常规的向上滑动解锁，另一种是向右滑动解锁。

码率

在“码率”界面中，可以选择“标准”或“高”选项。高码率允许创作者在拍摄时选择更高的视频数据流量，以提升画质细节和动态范围表现，适用于对画质要求较高的专业拍摄场景。需要注意的是，高码率录制仅生效于视频、超级夜景及慢动作模式，同时会占用更多存储空间并影响电池续航时间。

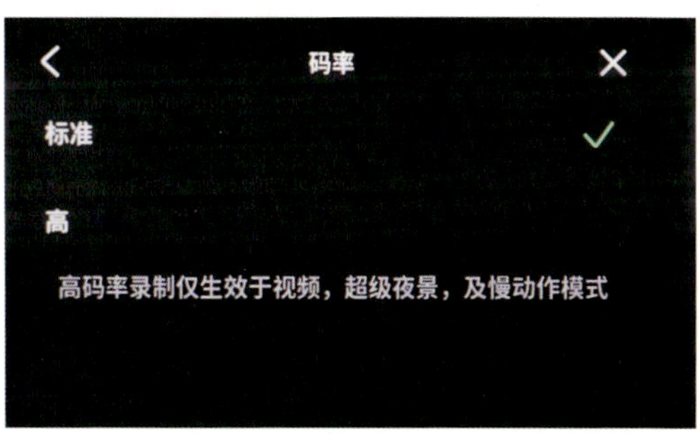

提示音

在“提示音”界面中，可以设置相机提示音的音量，提供了“高”“中”“低”“静音”4 种选择。

开启提示音后，可以在光线不足或相机安装于头盔等难以观察的位置时，声音提示可替代视觉确认，避免因误操作错过拍摄时机。

网格

在“网格”界面中，可以设置屏幕网格线的显示，提供了“关闭”“网格线”“对角线”“网格和对角线”4 种选择。

当使用屏幕网格线时，可在拍摄时显示网格线，有助于调整相机的垂直或水平方向，以便更好地构图。

时间码

在“时间码”界面中可以开启“时间码显示”，还可以通过“刷新系统时间”或“重置时间码”对相机内置时码器进行设置。如果系统时间不准确，可通过USB-C 接口连接时间码同步设备进行时间码同步。

开启“时间码显示”功能，可以在多机位拍摄（如直播、纪录片或专业影视制作）时，时间码可确保所有设备的视频素材时间轴完全同步。后期剪辑时无须手动对齐音画，大幅提升工作效率。

素材命名管理

在“素材命名管理”界面中，可以设置存储拍摄素材的文件夹的命名方式，以及存储文件的命名方式。为文件夹命名后将存储后续拍摄文件，为文件命名后将作用于下一个拍摄文件。

通过素材命名管理，可以进行规律的命名，便于后期快速检索和分类海量素材。

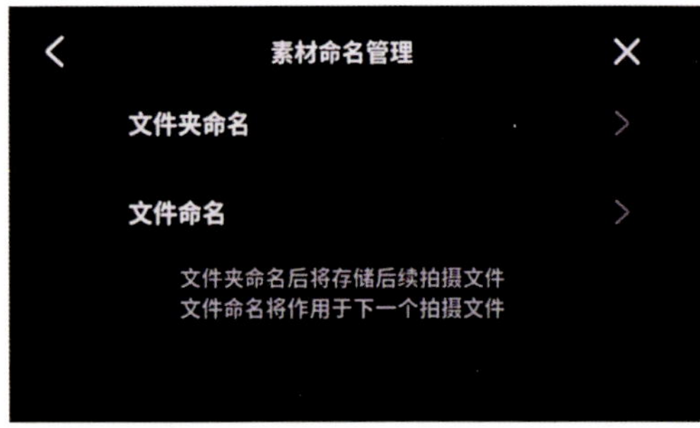

自动关机

在“自动关机”界面中，可以设置指定时长后自动关机。若在设置的时长内对相机无任何操作，则相机将自动关机。

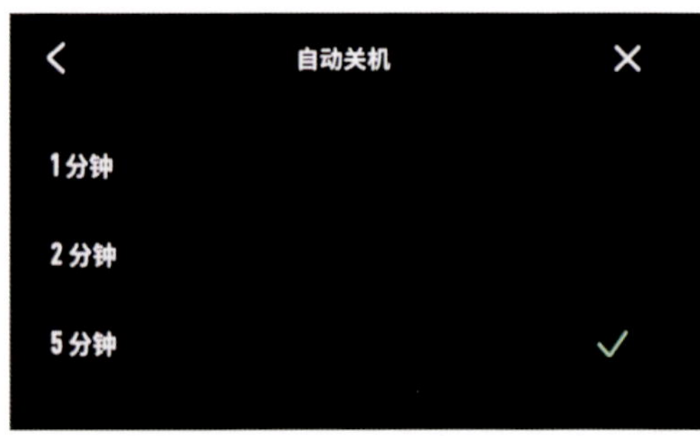

地平线标定

在“地平线标定”界面中，可以根据屏幕中的提示进行地平线标定操作。

继续上次直播

点击“继续上次直播”选项，可以根据上次直播的参数设置继续直播。需要注意的是，相机直播需要通过 DJI Mimo App 发起，若没有直播过，点击该选项则会提示无上次直播信息，需要发起直播。

存储管理

在“存储管理”界面中可以查看相机的存储空间。当插入 SD 卡后，可选择将素材存储切换至 SD 卡。

点击“存储管理”选项，可选择格式化相机内置存储或 SD 卡。

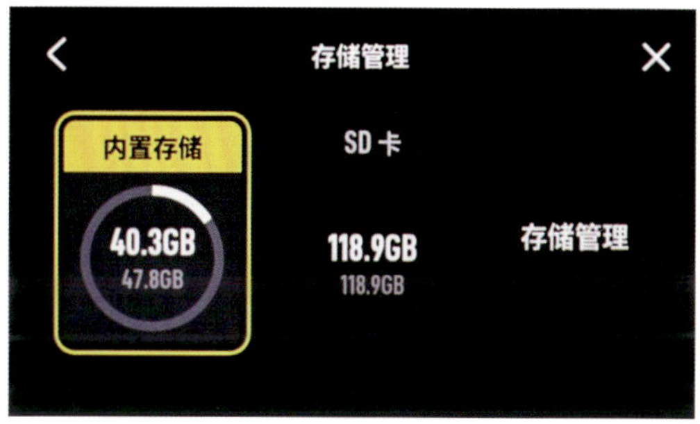

蓝牙遥控器

在“蓝牙遥控器”界面中，可以开启“唤醒相机”功能。连接相机后，长按蓝牙遥控器拍摄按键可关闭相机，关闭后 8 小时内可唤醒相机。在关机状态下，短按拍摄按键可触发一键拍录。

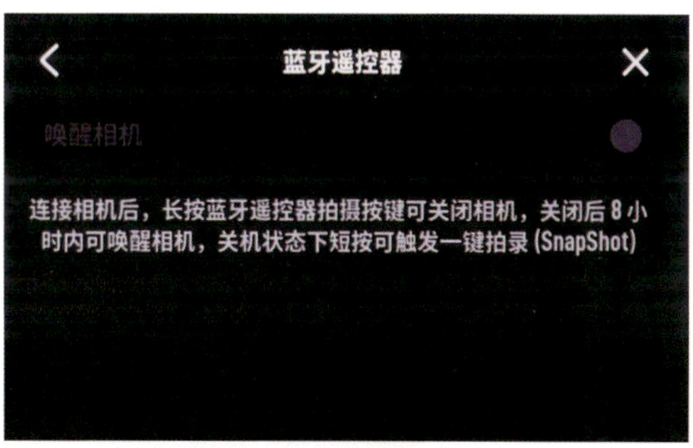

恢复出厂设置

点击“恢复出厂设置”选项，可以将相机恢复出厂设置。此操作会删除目前相机中的所有设置，将相机恢复至出厂状态并重新启动。

设备信息

在“设备信息”界面中，会显示设备信息，包括“设备名称”“序列号”“固件版本”“相机固件版本”“快速入门指南”“导出日志”。

点击“导出日志”选项，可将日志信息导出至 SD 卡中。当相机与 GPS 蓝牙遥控器相连时，可查看 GPS 蓝牙遥控器的固件版本。

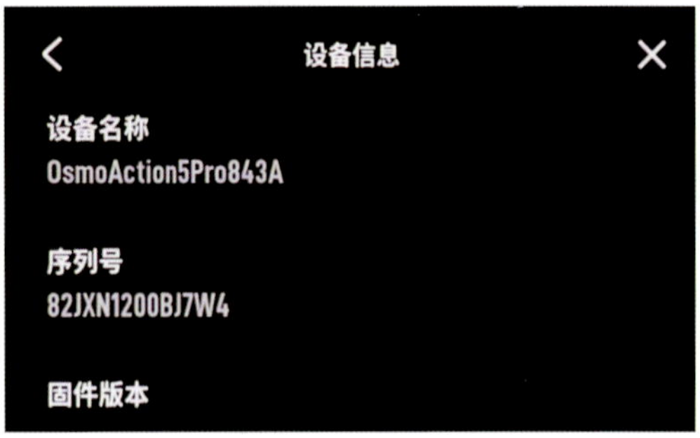

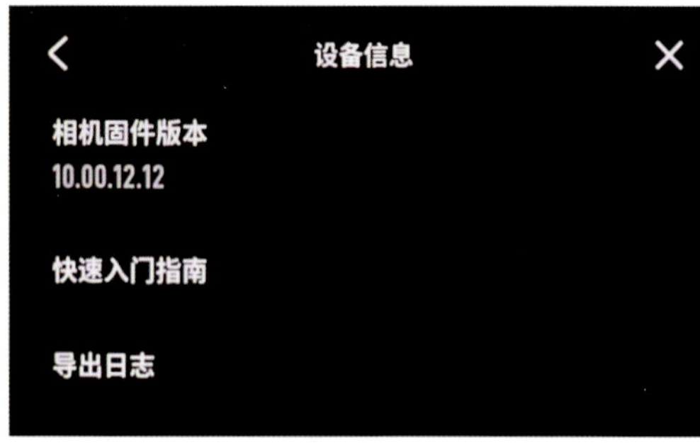

图像及音频设置

在任何模式的主页，点击按钮都会进入图像及音频设置界面。在拍照模式和慢动作模式的图像及音频设置界面中，只能调整图像参数；而在其余模式的图像及音频设置界面中，则可以调整图像和音频参数。

在图像及音频设置界面中，点击右上角的 PRO 图标，可设置高级参数。

曝光

该功能提供“自动模式（Auto）”和“手动模式（M）”两种选择。曝光的主要作用是通过调整光线参数，确保画面在不同环境下获得理想的亮度、对比度和细节表现。在“自动模式”下，可以调节所有参数的范围，而“手动模式”则可以精确调整参数值。

在“自动模式”调节界面，创作者可以在左侧滑动屏幕，调节“曝光补偿（EV）”，“曝光补偿”的范围为 -3EV 到 +3EV，正向曝光补偿（+EV）可以提亮画面，负向曝光补偿（-EV）可以压暗画面。

在界面右侧，滑动屏幕可以调节感光度（ISO），感光度的范围为 100 到 25600，低 ISO（如 100 ~ 800）可以使画面纯净，适合在强光环境下使用，高 ISO 虽然可以提升暗光下的拍摄能力，但会让画面出现更多噪点。

除了这两个参数，在界面的左上方点击 S 1/2500 按钮，界面的左侧将显示快门速度。在拍照模式下，它的取值范围在 1/8000 秒至 30 秒；在录像模式下，它的取值范围在 1/8000 秒至帧率限制，如帧率为 30fps 时快门速度最低 1/30 秒。快门速度越快（如 1/1000 秒），进光越少，适合强光环境；快门速度越慢（如 1/30 秒），进光越多，适合弱光场景。

高速快门（如 1/500 秒以上）可定格运动的瞬间（如跳跃、水滴）；低速快门（如 1/30 秒）可制造动态模糊（如车流轨迹），但需搭配 ND 滤镜避免过曝。

“手动模式”与“自动模式”的参数调节方法类似，但“手动模式”提供了更精细的控制选项。与“自动模式”仅提供参数范围不同的是，在“手动模式”下不仅显示参数取值范围，还会呈现精确的数值，创作者可以独立调节 ISO 感光度、快门速度和曝光补偿等关键参数，从而实现更精准的曝光控制。

白平衡

该功能提供“自动白平衡（AWB）”和“手动模式（M）”两种选择。白平衡的主要作用是通过调整色温（2000 ~ 10000K），中和不同光源的色偏（如日光偏蓝、钨丝灯偏黄），确保白色物体呈现真实的白色，以及其他色彩的自然延伸。

选择“自动白平衡”模式，相机通过

内置色温传感器实时分析环境光源（如日光、阴天、灯光），自动调整色温（约 2000 ~ 10000K），确保色彩自然还原，适合大多数日常拍摄或光线变化频繁的场景，操作便捷。

在“手动模式”下，创作者可以通过滑动屏幕右侧的调节面板来手动设置色温。这一功能不仅能精准匹配不同的光源（如 5500K 对应日光、3200K 适合白炽灯），还能实现创意色彩效果。低色温（如 2500K）：呈现暖黄复古色调，适用于日落、篝火等温馨的场景；高色温（如 8000K）：营造冷峻的科幻氛围，适合雪景、夜景等冷色调主题。通过精细地调节色温，创作者可灵活地控制画面风格，满足不同的拍摄需求。

色彩

该相机系统提供了 4 种色彩模式，满足不同的创作需求。

“普通 8bit”模式（0.17 亿色）适合直出，提供标准、鲜艳等预设风格，创作者可快速获得高饱和或自然色调的成片，但后期调色空间较小，适用于日常记录和社交媒体直出场景。

“普通 10bit”模式（10.7 亿色）保留更丰富的色彩细节，动态范围优于 8bit，适合轻度后期调色，适用于自然风光和运动跟拍等需要保留更多色彩细节的场景。

“HLG 10bit”模式作为 HDR 解决方案，动态范围优于普通模式，能记录高光和暗部丰富的细节，适用于快速 HDR 成片和强光环境拍摄。

“D-Log M 10bit”模式为专业后期提供了最大的调色空间，能充分保留高光与阴影细节，同时还支持开启预览还原功能，配合官方 LUT 可快速还原色彩，适用于专业影视创作和高动态范围场景。

这款相机搭载了专业级影像系统，其 1/1.3 英寸大底传感器配合 13.5 挡宽广动态范围，能够轻松应对日出日落等高对比度场景的拍摄挑战。无论是暗部细节还是高光层次，都能得到精准还原。100% DCI-P3 广色域 OLED 屏幕确保了色彩显示的准确性，让创作者在现场就能获得所见即所得的拍摄体验。在多机位协同拍摄时，系统统一的 D-Log M/HLG 色彩科学保证了各机位素材的色调一致性，大大简化了后期调色流程。配合 DJI Mimo App 内置的 LUT 快速还原功能，可以实现从拍摄到后期的无缝衔接，显著提升多平台协作效率。这套完整的色彩管理体系，为专业创作者提供了从前期的精准拍摄到后期高效制作的一站式解决方案，让影像创作更加得心应手。

影调

该选项提供了“中性”和“鲜明”两种模式。

在“鲜明”模式下，会分区域调整影调，让直出画面拥有更鲜明的反差，增强细节表现，突出层次感，适合追求高对比视觉效果的场景。

在“中性”模式下，画面则会更均衡，保留自然过渡。

这两种影调仅支持普通色彩模式的 1080P、2.7K（16∶9/4∶3）/4K（16∶9）、60fps（及以下帧率）的视频拍摄。

增稳场景

该功能提供了“日常”和“运动”两种场景预设。

“日常”模式以画质优先，优化暗光表现，适用于步行、生活 Vlog 等运动幅度较小的场景，满足大部分日常拍摄，可以应对更多复杂光源场景。

“运动”模式则侧重增稳性能，通过更强的防抖算法适配骑行、跑步等运动场景，优先消除抖动模糊，确保画面平稳顺滑。

图像调节

该功能提供“默认”和“自定义”两种选择。

在“默认”情况下，图像保持原始状态，不做任何调整。

在“自定义”调节界面，可根据实际拍摄需求对图像的纹理程度和去噪进行调节，在界面左侧滑动可以调整图像的纹理，在界面右侧滑动可以为图像去噪，从而提升拍摄素材的清晰度。

拍摄参数推荐

在大部分拍摄中，如果不追求特殊的效果，图像参数一般设置为自动即可。如果想要在不同的场景下进行创意拍摄，可以参考以下拍摄参数推荐。

1. 室外阳光明媚

白平衡：4900K

曝光补偿：+0.0EV

ISO 范围：50 ～ 100

色彩模式：普通 10bit

2. 冷白皮女性人像

白平衡：4700K

曝光补偿：+0.3EV

ISO 范围：50 ～ 6400

色彩模式：普通 10bit

3. 暖调美食

曝光补偿：+0.7EV

白平衡：5600 ～ 6000K

色彩模式：普通

4. 自然风景

白平衡：Auto

曝光补偿：+0.0EV

ISO 范围：100 ~ 1600

色彩模式：普通 10bit

5. 电影大片

白平衡：Auto

曝光补偿：-2.3EV 到 -1.7EV

ISO 范围：100 ~ 1600

色彩模式：普通

音频设置

在图像及音频设置界面，点击🎙按钮可以切换到音频设置界面，点击“声道”选项，可以切换“单声道”和“双声道”。

点击“降风噪”选项，可以设置降风噪为“标准”或“强”，还可以关闭降风噪。开启“降风噪”后，相机将通过算法降低相机内置麦克风所拾取的风噪声。

注意：当使用外接麦克风时，降风噪功能不再生效。

拍摄参数设置

相机提供了便捷的画幅设置方式，在主页底部点击画幅或分辨率参数，或直接从主页底部向上滑，即可进入拍照或视频的参数设置界面。

画幅设置

在拍照参数的界面上方，创作者可通过左右滑动屏幕选择4种不同的拍摄画幅。

M（16∶9）：800 万像素数码变焦模式，通过裁切实现两倍变焦功能，适合需要拉近拍摄的场景，但会相应地降低画质。

M（4∶3）：同样 800 万像素，采用 4∶3 比例，在保持两倍变焦功能的同时，提供更灵活的构图选择。

L（16∶9）：输出 4000 万像素，适合追求最高画质解析力的拍摄需求，但不支持变焦。

L（4∶3）：同样 4000 万像素输出，采用 4∶3 比例，特别适合需要后期裁切或拍摄垂直构图的场景。

所有画幅均支持 JPEG/RAW 双格式输出，创作者可根据实际拍摄需求，在画质优先或变焦需求之间灵活选择。

在界面下方，可以开启“连拍模式”并选择不同的连拍速率，相机提供了 5 张 /1 秒（5p1s）、10 张 /1 秒（10p1s）、15 张 /3 秒（15p3s）或 30 张 /3 秒（30p3s）4 种连拍速率，适用于捕捉快速移动的物体或动态场景。所有连拍照片均支持 4000 万像素的 JPEG/RAW 双格式输出。需要注意的是，连拍期间无法实时调整曝光参数，且高帧率连拍会占用较多的存储空间。

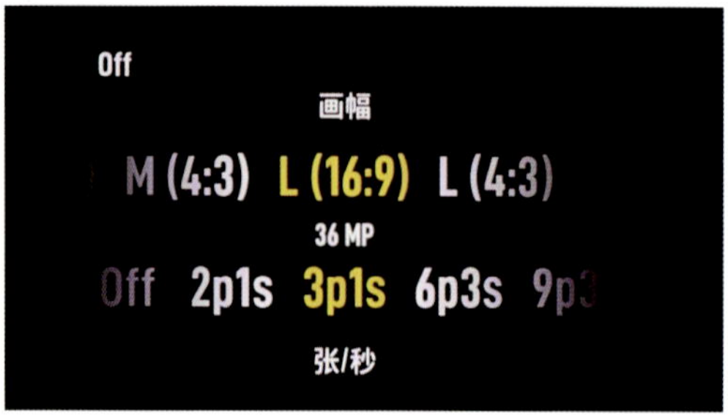

除了调整“画幅”和“连拍”，在界面中点击左上角的 off 按钮会进入设置倒计时界面，系统提供了“0.5s”“1s”“2s”“3s”“5s”和“10s”共 6 挡可调倒计时时长。该功能特别适合自拍或需要稳定拍摄的场景，创作者可根据实际需求选择合适的倒计时时间。启动倒计时后，相机将通过屏幕提示和声音反馈提醒拍摄者，确保拍摄准备充分。为了获得最佳成像质量，建议在以下两种情况下使用此功能组合：一是进行静态拍摄时，如风光、建筑等题材；二是配合三脚架固定使用时，特别是在低光照条件下需要长时间曝光的场景。这种组合既能确保相机的绝对稳定，又能通过连拍功能捕捉到最理想的瞬间，为专业创作提供更多可能性。

在拍照参数设置界面点击右上角的按钮可以选择视角模式，系统提供了两种选项。

标准（畸变校正）：通过算法修正广角镜头边缘畸变，适合需要直线还原的场景（如建筑拍摄），视角等效约 14mm。

广角：保留 155° 原生超广视角（等效 10mm），适合追求画面冲击力的运动场景或风光拍摄，但边缘存在轻微桶形畸变。

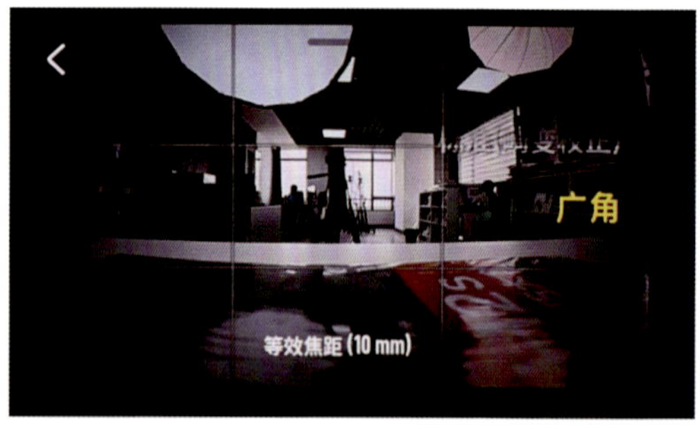

分辨率设置

在视频拍摄参数设置界面上方，创作者可通过左右滑动屏幕选择 5 种不同的视频分辨率。

1080P（16：9）：1920×1080 分辨率，标准高清 16：9 比例，存储空间占用少，适合网络分享或日常记录。

2.7K（16：9）：2688×1512 分辨率，16：9 宽屏比例，轻量级高分辨率选项，适合长时间录制或设备性能受限时使用。

2.7K（4：3）：2688×2016 分辨率，4：3 画幅比例，平衡画质与存储空间，便于竖屏适配和社交媒体分享。

4K（16：9）：3840×2160 分辨率，主流 16：9 宽屏比例，兼容大多数显示设备，适合日常拍摄和动态剪辑。

4K（4∶3）：3840×2880 分辨率，4∶3 画幅比例，支持全像素录制和高动态范围，适合专业创作和后期裁剪。

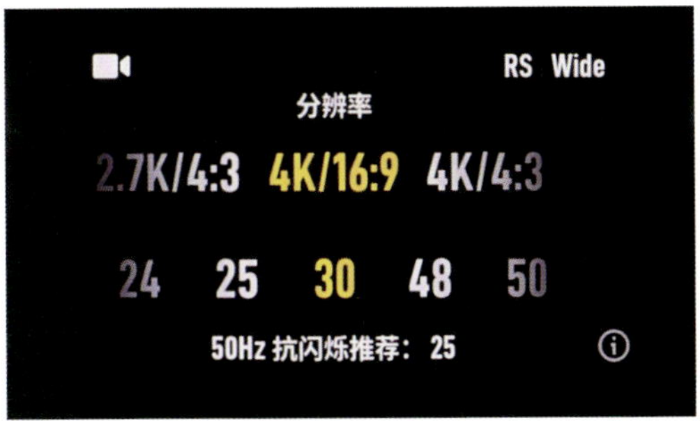

在界面下方，可以设置视频的帧率，提供从 24fps 到 240fps 的多挡选择，创作者可根据拍摄需求灵活调整：低帧率（24/25/30fps）适合电影感画面，中高帧率（60/100/120fps）适合流畅的动作记录，超高帧率（200/240fps）则能实现震撼的慢动作效果。

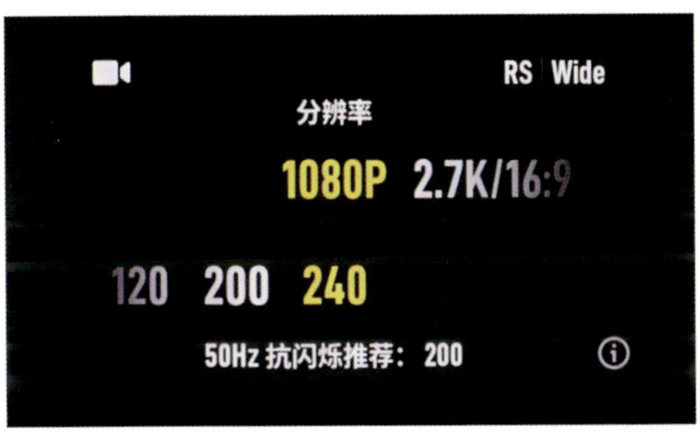

需要注意不同分辨率与帧率之间存在相互制约的关系。以 1080p 分辨率为例，最高可支持 240fps 的超高帧率，特别适合需要制作慢动作效果的拍摄场景；而在 4K（4∶3）模式下，相机只能以 120fps 的高帧率拍摄。这种差异化的帧率要求创作者根据具体创作需求，在画质细节和动态表现之间做出最优选择。选择时需注意，高分辨率和高帧率会占用更多存储空间，并限制部分防抖功能的启用。

除了调整分辨率和帧率，在视频参数设置界面点击左上角的□按钮可开启“预录制”或“循环录像”功能，并可以设置相应的录制时长。

开启“预录制”功能时，相机会提前录制设定时长的视频。如设置为 15 秒，当按下拍摄按键时，相机将保留按下拍摄按键前 15 秒的视频，并在此基础上继续录制，最终保存成一个完整的视频文件。该功能特别适合钓鱼等需要捕捉突发瞬间的场景，既能确保不错过关键时刻，又不会占用过多存储空间。

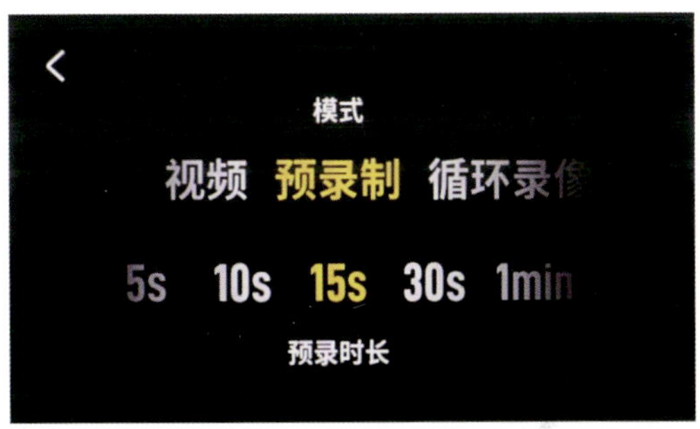

开启“循环录影”功能时，相机拍摄到设定的时长后，最早的视频内容将被最近的一段视频内容覆盖，相机将始终保留设定时长的视频。该功能非常适合行车记录、野生动物观察等需要长时间待机拍摄的场景。

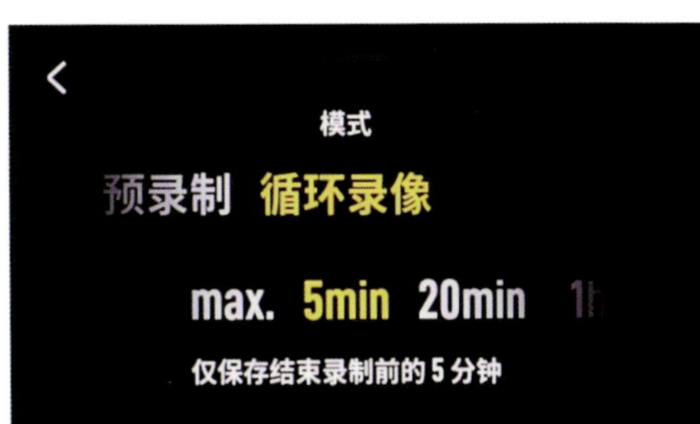

在视频和超级夜景模式下，点击视频参数设置界面右上角的**RS Wide**按钮，进入电子增稳与视角设置界面，在界面的左侧上下滑动屏幕可以设置增稳模式。

选择“关闭”选项时，相机将呈现最宽广的视野范围。

选择“超强增稳（RS）”选项时，可以在消除画面抖动的同时保留运动动感，适合第一人称视角拍摄。

选择“超强增稳 +（RS+）”选项时，相比于“超强增稳（RS）”模式，拍摄画面会被裁切得更多，但增稳性能更加出色。

选择“地平校正（HB）”选项时，可以在保证 4K 高分辨率画面的基础上，消除画面正负 45° 以内的画面晃动。

选择“地平线增稳（HS）”选项时，可以消除横滚轴 360° 以内的抖动，地平线始终保持水平。

在“拍照”“视频”“慢动作”“延时”模式下，可以在电子增稳与视角设置界面的右侧上下滑动屏幕设置增稳模式。

选择“标准（畸变校正）”视角时，相机提供约 14mm 等效焦距，可以大幅减少画面变形，适合日常拍摄。

选择“广角”视角时，相机提供约 10mm 等效焦距的超宽视野，特别适合风光、狭小空间和创意拍摄，但画面会产生边缘畸变。

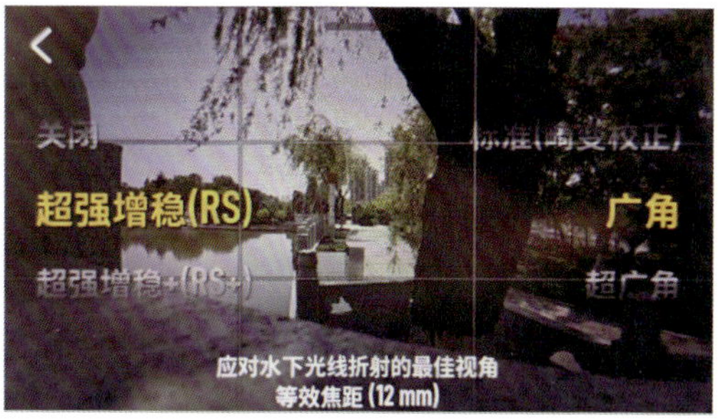

选择“超广角”视角时，相机提供约 9mm 等效焦距和 155° 超大视场角，特别适合极限运动跟拍和风光摄影等需要极致视野的创作场景。

回放

在任何模式的拍摄界面，点击屏幕左侧的图标都会进入回放界面。

进入回放界面后，会显示最后拍摄的图像和视频或回放的图像和视频。点击界面左上角的按钮可以进入多个素材的缩略图管理界面。

在图像或视频回放界面的左侧点击图标，可以对当前所查看的图像或视频进行标记、传输或删除操作。点击图标可以将其标记为收藏的照片或视频，连接 DJI Mimo App 后，可在相册的“收藏”中查看；点击图标可以选择传输的设备进行图像或视频的传输；点击图标，可删除当前的照片或视频。

在对视频进行回放时，在回放过程中，可点击◆图标将某一秒标记为高光时刻，以便在后期剪辑时快速定位某个镜头，减少寻找素材的时间。标记的高光时刻可在DJI Mimo App 中回放视频时查看。

人物跟随

大疆 Osmo Action 5 Pro 的“人物跟随”模式通过机器学习算法实时识别人物位置，并在后期自动裁剪画面，使被拍摄者始终处于视觉中心，支持 16 ∶ 9 或 9 ∶ 16 的构图比例，适用于横向拍摄场景。

1. 打开大疆 Osmo Action 5 Pro，在屏幕左侧边缘向右滑动，进入选择拍摄模式界面，选择“人物跟随”模式。

2. 开启“人物跟随”模式后，在拍摄界面，相机将使用黄框自动标记目标人物。

3. 在屏幕底部边缘上滑，进入拍摄参数设置界面，可以选择“人物跟随”模式的“分辨率”“构图比例”“帧率”，“人物跟随”模式支持的构图比例为 16 ∶ 9 和9 ∶ 16。

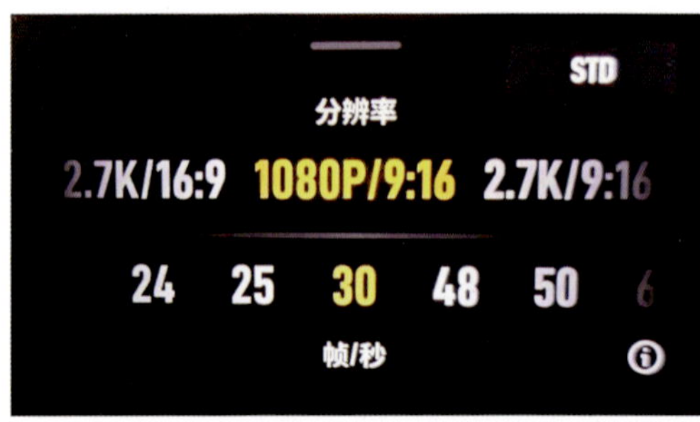

4. 按下拍摄按键后，相机将开始跟随目标人物，目标框由黄色变为绿色。

5. 在拍摄过程中，需要注意始终保持目标人物在相机取景范围内，否则相机将会退出“人物跟随”模式。

超级慢动作

大疆 Osmo Action 5 Pro 的超级慢动作功能可以通过 4 倍帧插值技术，将 240fps 原始素材提升至 960fps 等效效果，实现 32 倍震撼慢放。该功能特别适合记录滑雪、骑行等高速运动的细节，通过智能算法减少画面撕裂，但需注意光线不足可能影响画质，该功能的具体操作如下。

1. 打开大疆 Osmo Action 5 Pro，选择“视频”拍摄模式。

2. 在屏幕底部边缘上滑，进入拍摄参数设置界面，分辨率选择 4K/16∶9，帧率选择 100 帧 / 秒。需要注意的是，超级慢动作仅支持帧率不低于 100fps 的 4K/2.7K/1080P 16∶9 视频素材，生成的超级慢动作视频均为 1080P 格式。

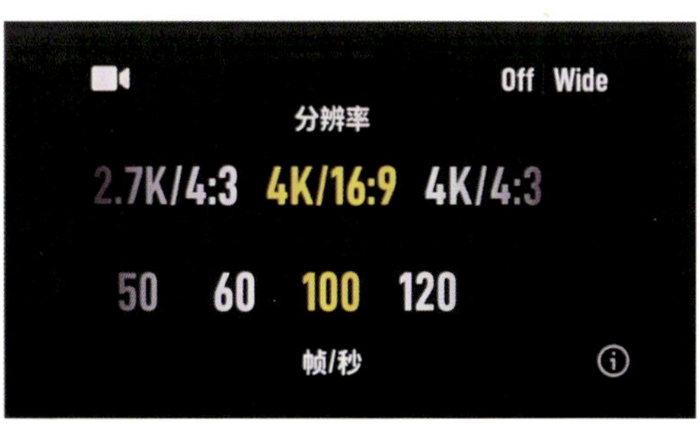

3. 按一下拍摄按键，拍摄一段时长大于 40 秒的运动视频。

4. 点击屏幕左侧的图标，进入拍摄视频的回放界面，此时的界面中会出现图标。

5. 选择其中某个瞬间，点击图标。此时，相机将开始生成超级慢动作片段。在生成过程中，可以点击“预览”按钮对此片段进行效果预览。

6. 在生成超级慢动作片段的过程中，点击“取消”按钮可直接取消生成此片段。如果后续需要删除某个超级慢动作镜头，在播放状态下，点击右上角的图标，即可将其删除。

注意：一个视频素材中最多可以添加6个超级慢动作镜头，视频素材的第1.5秒和最后2秒不支持生成超级慢动作。

利用手机遥控 Osmo Action 5 Pro

连接 DJI Mimo App

大疆 Osmo Action 5 Pro 搭配 DJI Mimo App 使用，为创作者带来了专业高效的运动影像创作体验。通过无线连接，创作者可在智能手机上实时预览拍摄的高清画面，精准调节专业参数，包括曝光、白平衡、色彩模式等，并实现远程操控拍摄。DJI Mimo App 提供强大的后期处理功能，支持素材快速导出、智能剪辑与一键分享，同时具备 Wi-Fi 直播能力，满足从极限运动拍摄到即时内容分享的全流程需求，具体的连接操作如下。

1. 开启大疆 Osmo Action 5 Pro 。

2. 将手机的 Wi-Fi 和蓝牙功能打开，运行 DJI Mimo App，点击首页的按钮，此时 DJI Mimo App 开始搜索附近的设备，搜索到设备后便会弹出设备连接界面，如下左图所示。

3. 点击“连接”按钮，此时 DJI Mimo App 中会弹出验证码界面，大疆 Osmo Action 5 Pro 的屏幕中也会显示验证码，如果两个验证码是一样的，点击大疆 Osmo Action 5 Pro 屏幕中的“接受”按钮。

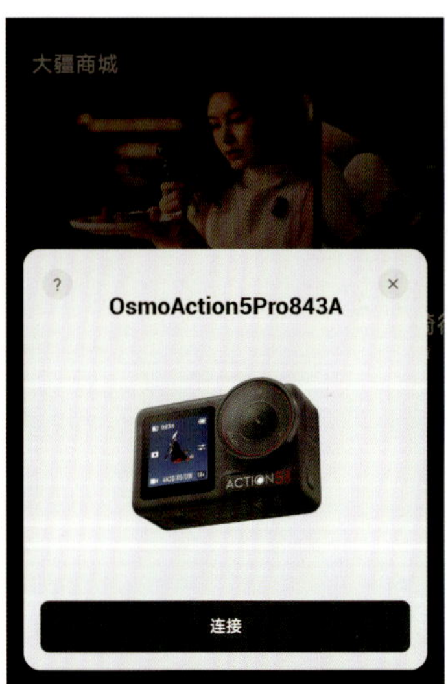

4. 连接成功后，DJI Mimo App 会跳转到 Osmo Action 5 Pro 的相册界面，如右图所示。

5. 大疆 Osmo Action 5 Pro 的屏幕跳转为正在回放界面，如下图所示。

6. 再次点击 按钮，就可以在 DJI Mimo App 中显示相机的操作及拍摄界面了，如右图所示。

DJI Mimo App 相机界面

当手机与 Osmo Action 5 Pro 连接后，创作者可以在手机上体验更专业、更灵活的运动影像创作。DJI Mimo App 具备 4K 高清实时画面传输功能，确保取景构图准确无误；同时开放专业级参数设置，支持远距离拍摄控制。注意：App 端相机界面与 Osmo Action 5 Pro 设备本体的操作界面在功能图标分布及布局设计上略有不同，接下来将详细讲解 App 端的相机界面。

注意：在不同的拍摄模式下，相机界面显示会有略微差异，下面将以“视频”拍摄界面为例进行讲解。

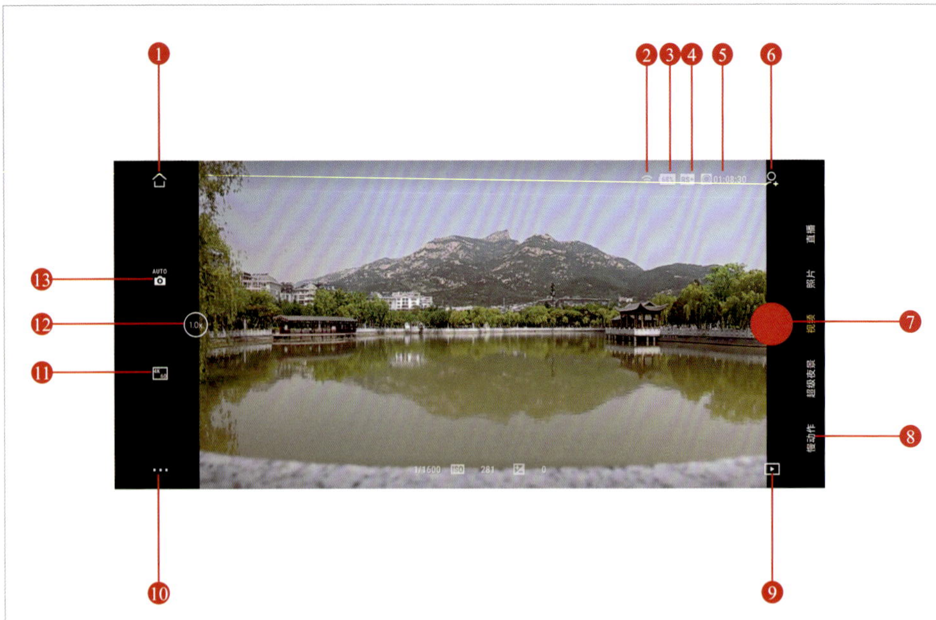

❶ 主页：点击该按钮可返回 App 首页。

❷ Wi-Fi 连接：显示 Wi-Fi 连接强度。

❸ 电池电量：显示相机电池电量。

❹ 增稳模式：显示当前的增稳模式。

❺ 存储信息：根据当前的存储位置，显示可存储的照片数量或可拍摄时长。

❻ 自定义模式：点击该按钮可创建或管理自定义模式。将需要记录的拍摄参数保存在自定义模式，之后可直接使用已经保存的自定义模式进行相似场景的拍摄。最多可保存 5 组自定义参数。

❼ 拍摄按键：点击该按钮可开始或停止拍摄。

❽ 拍摄模式：滑动可选择不同的拍摄模式。

❾ 回放：点击该按钮可进入回放界面，可管理手机本地及 DJI 设备素材。

❿ 设置：设置拍摄图像参数，每种拍摄模式均分为简单和高级模式。开启高级模式后，可提供视角、曝光、白平衡等参数。当处于不同拍摄模式时可设置不同的参数。

⓫ 拍摄规格参数：显示当前拍摄模式的基本参数，点击可进行设置。

⓬ 变焦：显示当前变焦倍率。指尖在屏幕上作放大、缩小手势可实现变焦。

⓭ 拍摄参数：当开启 PRO 模式时，点击 EV、快门速度、ISO 等可设置拍摄参数。

使用 DJI Mimo App 开启直播

大疆 Osmo Action 5 Pro 同样支持通过 DJI Mimo App 实现专业级无线直播功能，具体操作如下。

运行 DJI Mimo App，使其与大疆 Osmo Action 5 Pro 完成连接。进入 DJI Mimo App 的直播界面，选择平台，在“直播设置”界面的“相机联网状态”下拉列表中选择 Wi-Fi 连接，根据情况在下方设置直播的“分辨率”“直播码率”“电子增稳”，如右侧左图所示，点击“开始直播”按钮即可开启直播。

开始直播后，App 将会跳转至直播中界面，如右侧右图所示。

此时大疆 Osmo Action 5 Pro 的屏幕的下方会显示 Live 图标，表示现在正在直播中，如右图所示。同时，在直播时，图像及音频的设置、变焦等功能都是可以正常使用的。

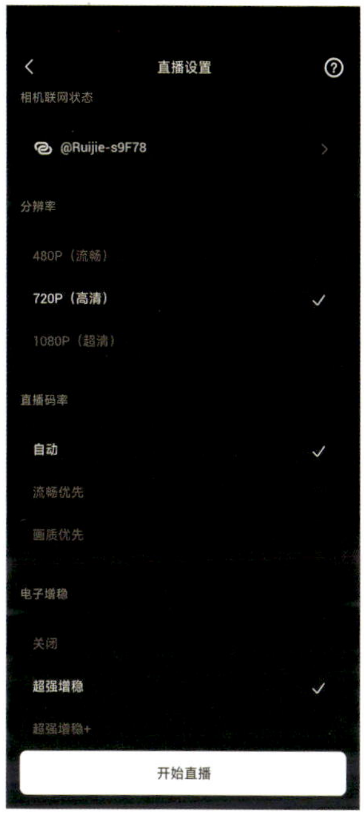

第 3 章　硬件拓展

Osmo Pocket 3 核心配件与场景化搭配

Osmo Pocket 3 美颜柔光镜

Osmo Pocket 3 美颜柔光镜是一款磁吸式滤镜配件，专为优化人像拍摄效果而设计，能够显著提升画面氛围感。这款滤镜通过黑柔效果使高光部分自然晕染，降低画面锐度，减少数码感，从而增强电影质感。同时，它还能淡化皮肤瑕疵与皱纹，让人像效果更加柔和自然，特别适合 Vlog 或自拍场景。其磁吸接口设计使得安装和拆卸非常便捷，只需轻轻一贴即可吸附在 Osmo Pocket 3 的镜头上，无须烦琐操作。

美颜柔光镜尤其适合追求柔和肤质效果的自媒体创作者，在拍摄 Vlog 时能轻松打造自然美颜效果。此外，在自然光或强光环境下拍摄人像时，它能有效减少面部反光，优化肤色表现；而在夜景拍摄中，配合大疆的 LOG 模式使用，还能在后期调色时保留更多画面细节，让成片更具质感。

如果创作者希望提升 Osmo Pocket 3 的人像拍摄表现，它无疑是一个值得尝试的实用配件。

Osmo Pocket 3 增广镜

Osmo Pocket 3 增广镜是大疆专为 Osmo Pocket 3 设计的磁吸式广角扩展配件，能够显著拓宽拍摄视野，适合 Vlog、风光摄影及多人合影等场景。这款配件可将 Osmo Pocket 3 的视角扩展至 108°，等效焦距约为原镜头的 0.72 倍，轻松容纳更广阔的画面。同时，其专业光学结构可有效减少边缘畸变，确保画面自然不扭曲，避免传统广角镜头常见的拉伸变形问题。

增广镜采用磁吸快拆设计，能够一键吸附在 Osmo Pocket 3 镜头上，安装和拆卸都极为便捷，且不会影响云台的稳定性和自动校准功能。无论是自拍 Vlog 时想要更宽广的取景范围，还是拍摄风光、建筑或室内场景时希望捕捉更完整的画面，这款增广镜都能大幅提升拍摄的灵活性。

尤其是在多人合影或狭小的空间拍摄时，无须依赖延长杆或后退取景，即可轻松获得更震撼的视觉效果。

如果要让画面更具冲击力和空间感，增广镜无疑是一款实用且高效的必备配件。

Osmo Pocket 3 磁吸 ND 镜套装

磁吸 ND 镜套装是专为 Osmo Pocket 3 设计的专业减光滤镜组合，可精准控制光线曝光，帮助创作者在强光环境下获得更出色的视频拍摄效果。这套滤镜包含 ND16、ND64、ND256 三片不同规格，分别可降低 4 挡、6 挡、8 挡进光量，满足从日常到极端强光等多种拍摄场景的需求。其采用磁吸快拆设计，能够快速安装和更换，且完全不影响云台的稳定性和自动校准功能。

在光学性能方面，这套 ND 镜采用高品质光学玻璃打造，具有出色的透光率和色彩还原能力，能有效减少色偏，确保画面色彩准确自然。无论是正午阳光、雪地、沙滩等强光环境下的拍摄，还是创作流水雾化、车流光轨等慢门特效，抑或是配合 LOG 模式进行电影感调色，这套 ND 镜都能提供专业级的支持，让影像创作更具可能性。

对于追求专业影像控制的 Osmo Pocket 3 创作者来说，这套原厂磁吸 ND 镜套装是不可或缺的创作利器，既能解决实际拍摄中的曝光难题，又能拓展更多创意拍摄空间。

Osmo 迷你三脚架

Osmo 迷你三脚架是为 Osmo Pocket 3 设计的轻量化便携支架，为 Vlog 拍摄、延时摄影等场景提供稳定可靠的支撑方案。这款三脚架仅重 44.8 克，折叠后尺寸仅为 31.1×31.1×76.7 毫米，可轻松放入口袋或随身包中，是移动拍摄的理想伴侣。其采用快速伸缩结构，能瞬间展开进入工作状态，无论是在桌面、窗台还是户外平面，都能快速架设相机开始拍摄。

三脚架顶部配备防滑软胶手柄，不仅可以提升握持舒适度，更能有效防止设备滑落。标准的 1/4"-20 螺口设计使其具备出色的扩展性，可兼容各类摄影配件，如延长杆、挂脖支架等，满足多样化拍摄需求。特别适合固定机位 Vlog 拍摄，让创作者轻松获得稳定的画面；搭配 Osmo Pocket 3 的延时摄影功能时，更能确保长时间拍摄的稳定性；其轻巧的体积尤其适合旅行使用，可随时在户外快速架设相机，捕捉精彩瞬间。

对于追求便携与稳定兼得的 Osmo Pocket 3 创作者来说，这款迷你三脚架堪称必备配件。它既解决了手持拍摄的抖动问题，又不会增加出行负担，让创作者可以更专注于内容创作本身。无论是日常记录还是专业拍摄，都能提供可靠的地面支撑解决方案。

Osmo Pocket 3 续航手柄

Osmo Pocket 3 续航手柄是专为 Pocket 3 设计的全能扩展配件，在显著提升拍摄续航的同时，还带来更多实用功能扩展。这款配件内置 950mAh 大容量电池，可为 Osmo Pocket 3 提供额外约 62% 的续航时间，轻松应对长时间拍摄需求。其创新性的热插拔换电设计让创作者可以在拍摄过程中直接更换电池，彻底告别电量焦虑。

除了续航提升，这款手柄还具备强大的扩展能力。背部配备的 USB-C 音频接口支持连接各类专业音频设备，包括有线麦克风、无线麦克风接收器或监听耳机，大幅提升 Vlog 的录音品质。底部标准的 1/4" 螺纹孔设计，则可兼容三脚架、延长杆等各类摄影配件，拓展拍摄的可能性。

特别适合长时间户外 Vlog 拍摄，解决原机续航不足的痛点；在需要专业音频录制的场合，可轻松连接外置麦克风获得更纯净的人声；在搭配三脚架使用时，还能满足延时摄影、直播等固定机位拍摄需求。对于追求专业创作体验的 Pocket 3 创作者来说，这款原厂续航手柄不仅是电量保障，更是功能扩展的核心装备。

磁吸补光灯

磁吸补光灯配件专为低光环境设计，支持 3200 ~ 5600K 色温调节，提升拍摄画质。美颜柔光镜采用磁吸设计，可自然晕染高光，优化肤质，如下图所示。

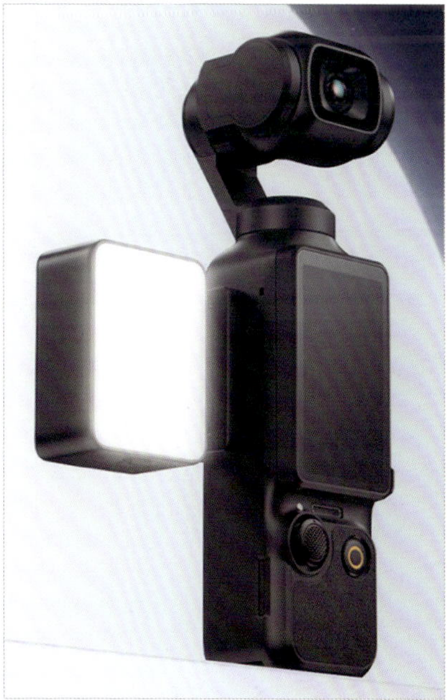

磁吸支架

磁吸支架是一款多功能便携配件，采用磁吸快拆设计，支持 360° 旋转和俯仰调节，适用于低角度拍摄、车载固定及桌面 Vlog 等场景。支架内置冷靴接口，可外接补光灯或麦克风，同时兼容标准 1/4 英寸螺纹孔，方便连接三脚架或自拍杆，显著提升拍摄的灵活性，如下图所示。

延长杆

延长杆能显著提升握持的舒适度，尤其适合长时间拍摄。通过增加握持距离，可有效增强稳定性并减轻手部疲劳。

Action 5 Pro 核心配件与场景化搭配

Osmo Action 增广镜

大疆 Osmo Action 增广镜是专为 Action 5 Pro运动相机打造的专业视角扩展配件，能够将拍摄视野大幅提升至 182°超广角，为极限运动、Vlog 和第一人称视角拍摄带来更震撼的视觉效果。这款增广镜采用高精度凸面光学玻璃打造，在显著扩展视角的同时，仍能保持画面中心到边缘的清晰度，并有效控制广角畸变，确保影像质量不打折扣。

值得一提的是，安装增广镜后相机仍保持 5m 防水性能（但水下使用可能出现图像失真，建议水上场景使用）。其创新的光学结构设计，可使视野宽度增加 26%，高度提升 24%，让创作者轻松捕捉更广阔的画面。无论是冲浪、滑雪等极限运动，还是多人 Vlog 自拍，抑或是骑行、攀岩等第一人称视角记录，都能获得更具冲击力的画面表现。

对追求极致视角的运动摄影爱好者来说，这款增广镜是拓展创作维度的利器。它不仅解决了传统运动相机视角局限的问题，更通过专业光学设计保证了画质表现，让每一帧画面都充满动感与张力。无论是记录惊险刺激的极限瞬间，还是创作富有沉浸感的运动 Vlog，都能带来专业级的视觉体验。

Osmo Action 多功能充电手柄

多功能充电手柄是专为极限拍摄打造的全能配件，将续航、操控与扩展性完美融合。这款手柄内置4900mAh超大容量电池，可为Action 5 Pro提供长达7小时的额外续航，彻底解决户外拍摄的电力焦虑。其创新的人体工学设计集成了专业级物理按键，包含拍摄控制键、快速模式切换键及可自定义功能键，让操作更直观高效。

特别配备的1/4″英寸标准螺纹接口使其兼容各类摄影配件，无论是连接三脚架进行固定机位拍摄，还是外接专业麦克风提升收音质量，都能轻松实现。在户外探险跟拍时，其超长续航可完整记录整个运动过程；当需要进行专业访谈或直播时，稳定的三脚架连接可以确保画面始终如一；而通过外接麦克风的扩展能力，更能满足专业级音频采集需求。

对追求极致可靠性的运动摄影师来说，这款多功能充电手柄不仅是电力保障，更是提升拍摄效率的操控中心。它将Action 5 Pro从单纯的运动相机升级为全天候专业拍摄系统，无论是极端环境下的耐力挑战，还是对画质、音质有严苛要求的专业创作，都能游刃有余地应对。

Osmo 头盔下巴固定夹

Osmo头盔下巴固定夹是专为极限运动设计的专业级拍摄支架，将运动相机的视角提升至人眼高度，给人带来了前所未有的沉浸式拍摄体验。这款固定夹采用人体工学结构设计，完美适配山地车全盔和越野摩托车头盔的下巴位置，通过可调节俯仰角度的机械结构，确保即使在低趴骑行姿势下，镜头依然能保持水平向前的理想视角。

其创新的快拆卡扣系统让安装过程变得简单快捷，无须任何工具即可完成拆装，特别适合需要频繁切换拍摄场景的运动爱好者。最令人称道的是其人眼视角模拟技术，通过精确的安装位设计，使拍摄画面与人眼看到的景象高度一致，为第一人称视角（FPV）内容创作带来了前所未有的真实感。

无论是山地速降、摩托越野等激烈的骑行运动，还是滑雪、速降等极限运动场景，这款固定夹都能提供稳定可靠的固定方案，同时有效降低风阻影响。对于追求第一人称 Vlog 创作的视频博主来说，它更是打造沉浸式内容的神器，让观众仿佛亲临运动现场。这款专业配件将 Action 5 Pro 的运动拍摄性能发挥到极致，是每位追求完美视角的运动摄影师的必备装备。

Osmo 柔性支架

Osmo 柔性支架是突破传统拍摄限制的创意固定方案，通过革命性的柔性设计解锁无限拍摄可能。这款支架采用高强度硅胶材质打造，具备很好的可塑性和耐用性，能够完美贴合各种不规则表面——从自行车把、栏杆到背包带、树枝，甚至是攀岩装备，都能稳固缠绕固定。

其创新的两段式松紧调节系统可适应直径从 2cm 到 8cm 的各种物体，确保在各种环境下都能获得牢靠的固定效果。更令人惊艳的是其全向旋转云台设计，支持 360° 水平旋转和 180° 俯仰调节，让创作者可以精确控制每一个拍摄角度，轻松实现传统支架难以完成的特殊视角。

无论是需要多角度记录运动过程的骑行爱好者，还是想要捕捉装备上独特视角的极限运动玩家，抑或是追求标新立异镜头语言的 Vlog 创作者，这款柔性支架都能完美胜任。它打破了传统拍摄的物理限制，让 Action 5 Pro 可以出现在任何需要的位置，为运动影像创作带来前所未有的自由度和创意空间。

Osmo Action GPS 蓝牙遥控器

Osmo Action 5 Pro GPS 蓝牙遥控器是专为运动达人打造的全能远程控制系统，将便捷操控与专业运动数据记录完美结合。这款遥控器采用蓝牙 5.0 技术，可在最远 15 米范围内精准控制 Action 5 Pro 的拍摄、录像及模式切换等全部核心功能。其内置的高精度 GPS 模块能实时记录位置、速度、海拔等 9 项运动数据，为后期制作提供丰富的动态信息图层。

具备 IP67 级防尘防水性能的坚固机身，可轻松应对滑雪、冲浪等极端环境的挑战。超长的 10 小时续航能力可以确保全天候拍摄不间断。符合人体工学的轻量化设计，使其可被轻松固定在手腕、装备把柄或背包带上，实现真正的单手盲操作。

无论是滑雪、速降自行车等需要专注运动的场景，还是徒步探险时的轨迹记录需求，甚至是自拍 Vlog 时的远程操控，这款 GPS 遥控器都能提供专业级的解决方案。它不仅解放了拍摄者的双手，更通过精准的运动数据记录，让每一段冒险影像都拥有专业的动态信息标注，是追求极致运动拍摄体验的创作者不可或缺的智能装备。

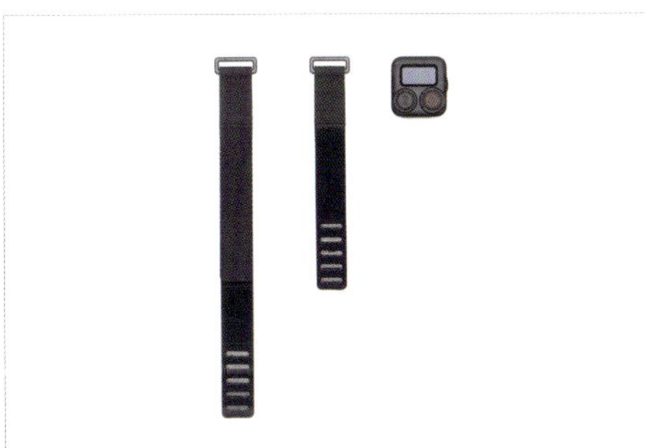

Osmo Action 嘴咬式固定座

Osmo Action 嘴咬式固定座是革命性的第一人称视角拍摄方案，通过创新的口腔固定方式彻底解放创作者的双手。这款配件采用医疗级硅胶材料打造，不仅安全无毒，更具备出色的咬合舒适度，即使长时间使用也不会造成疲劳。其精密的人体工学设计完美贴合口腔结构，确保在各种剧烈运动场景下都能保持稳定拍摄。

配备螺丝固定快拆系统，方便用户快速安装或拆卸 Action 5 Pro 相机，让视角切换变得轻松自如。独特的固定方式将相机视角精准定位在人眼高度，完美还原真实视野，为用户的第一人称视角内容创作带来前所未有的沉浸感。

无论是山地速降、街头滑板等陆地运动，还是冲浪、桨板等水上项目，这款嘴咬固定座都能提供传统支架无法实现的独特视角。对追求创意 Vlog 的创作者来说，它是解锁“沉浸式体验”等特殊拍摄角度的秘密武器。

Osmo Action 迷你延长杆

Osmo Action 迷你延长杆是集多功能于一身的便携拍摄神器，通过创新的四段式伸缩结构重新定义运动相机的拍摄可能。这款延长杆重量仅 110 克，却可延伸至 1.5 米专业长度，满足从自拍到高空视角的全场景需求。其独特的折叠三脚架底座可瞬间转换为稳定的拍摄平台，配合顶部的 360° 万向球头，实现任意角度的精准构图。

精心设计的防滑纹理握把确保使用者在剧烈的运动中也能稳固持握，而一键锁止系统让长度调节既快速又可靠。无论是需要将相机举过头顶记录滑雪英姿，还是低角度跟拍骑行画面，这根延长杆都能轻松胜任。折叠后仅手掌大小的长度，使用者可轻松将其塞入背包侧袋，随时准备捕捉精彩。

从旅行 Vlog 的广角自拍，到延时摄影的固定机位，再到极限运动的跟拍镜头，这款延长杆都是提升创作自由度的完美搭档。它让 Action 5 Pro 突破了手持拍摄的限制，无论是想获得俯瞰全景的震撼视角，还是需要稳定拍摄的专业画面，都能一杆搞定。对追求多角度创作的视频爱好者而言，这无疑是拓展拍摄维度的必备利器。

Osmo Action 360°　腕带

Osmo Action 360° 腕带是专为 Action 5 Pro 打造的革命性穿戴拍摄方案，采用军工级复合材质打造，重量仅 56.7 克却具备惊人的承重能力。其创新的万向球头结构支持 360° 无死角旋转，配合快拆卡扣系统，可在 1 秒内完成相机角度的精准调整，让每个精彩瞬间都能以最佳视角呈现。

独特的三明治固定系统结合魔术贴调节带，使其既能被牢固锁定在手腕或手掌上，又不会影响人体血液循环，使用者即使长时间佩戴也舒适无负担。防水防汗设计使其能适应从雪山到海滩的各种极端环境，真正实现“戴上就拍”的无忧体验。

无论是速降自行车时需要的稳定视角，还是冲浪划水时的动态跟拍，甚至是城市探索时的随性记录，这款腕带都能提供传统支架无法比拟的拍摄自由度。对追求沉浸式 Vlog 的创作者来说，它在解放了双手的同时，更带来了最具真实感的第一人称视角画面，让观众仿佛亲临运动现场。

Osmo Action 骑行胸带

Osmo Action 5 Pro 骑行胸带是专为运动爱好者打造的专业级穿戴拍摄系统，采用人体工学三点固定设计，通过高强度弹性面料与防滑硅胶的组合，确保在使用者剧烈运动时相机依然稳如磐石。其创新的快拆调节系统支持 10cm 范围内的精准长度调节，完美适配各种体型。

它配备多向旋转支架，可进行 ±15° 的角度微调，确保取景框始终保持在最佳视角；兼容大疆全系骑行配件，可与车把夹等设备组成多机位拍摄系统，为运动影像带来电影级的丰富视角。

无论是公路竞速时的低风阻拍摄，还是山地越野时的颠簸路段，甚至是滑雪速降时的极寒环境，这款胸带都能提供稳定性。对运动拍摄者而言，它解放双手的同时，更带来了最具临场感的胸部视角，让观众仿佛置身于运动者的真实视野中。

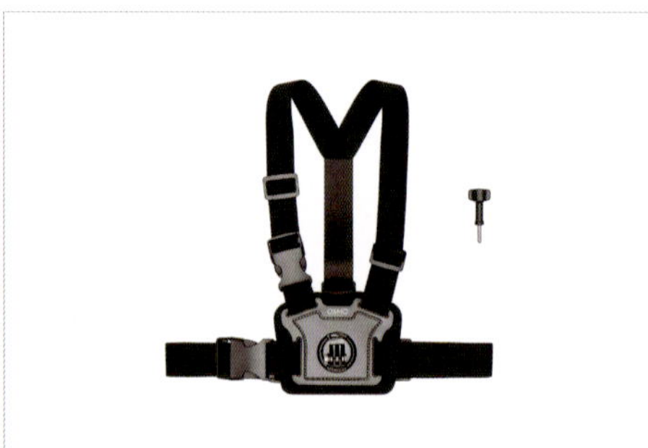

Osmo Action 挂脖支架

Osmo Action 挂脖支架能通过人体工学挂载设计实现沉浸式第一人称视角（FPV）创作。这款支架采用亲肤级液态硅胶与轻量化合金骨架复合结构，既保证颈部佩戴的零压感舒适性，又能承受滑雪、跑酷等剧烈运动带来的冲击，真正实现全天候无感佩戴体验。

其三轴磁吸快拆系统支持秒级横竖拍切换，配合 360° 无极旋转球头设计，可精准调节俯仰角至 ±90° 范围，无论是记录骑行时的前方路况还是滑雪中的高速俯冲，都能获得构图完美的稳定画面。气囊减震模块还能有效吸收运动震动，在颠簸的环境下仍能保持影像丝滑、流畅。

从城市徒步到高山滑雪，这款支架重新定义了运动影像的拍摄方式：骑行爱好者可解放双手专注操控，同时捕捉车把视角与身后的队友；登山者能通过稳定的胸部视角记录攀登过程；而极限运动玩家更可挑战以往难以实现的跟拍视角。

Osmo Action 潜水配件套件

Osmo Action 潜水配件套件是突破水下拍摄极限的专业解决方案，通过军工级防水性能与智能设计重新定义深海影像创作。这套装备采用高强度复合材质防水壳，通过 EN13319 国际潜水设备认证，可承受水下 60 米水压的严苛考验，同时配备专业水压计实时显示深度数据，让深海探索尽在掌握。

创新的三重防护系统构成核心竞争力：纳米防雾泡棉通过物理吸附原理彻底杜绝冷凝现象；符合流体力学设计的漂浮手柄提供 1.5 千克浮力保障，即使意外脱手也能自动上浮；航空级锁紧螺杆采用双螺旋结构，在水下 60 米水压下仍能保持 0.01 毫米级密封精度。配合 Action 5 Pro 裸机水下 20 米的防水能力，形成从浅滩到深海的完整防水矩阵。

利用这套设备，专业潜水者可拍摄 60 米深海的沉船奇观，通过色温传感器还原真实的海底色彩；浮潜爱好者能利用漂浮手柄轻松捕捉水面光影；而游泳教学者则可借助出入水自动启停功能，实现水下动作的智能记录。无论是珊瑚礁生态研究还是自由潜水训练，都能获得稳定、可靠的深海影像支持。

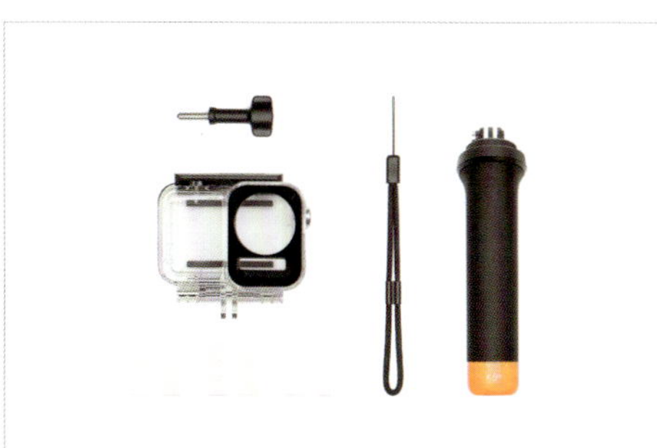

第 4 章　拍摄构图法则实战

了解摄影构图的主要概念

主体

主体的概念与作用

“主体”是指拍摄中所关注的主要对象，是画面构图的主要组成部分，也是集中观赏者视线的视觉中心和画面内容的主要体现者，还是使人们领悟画面内容的切入点。

通常情况下，主体是一个对象或一组对象。主体既可以是人，也可以是物，甚至还可以是一个抽象的对象。

总而言之，主体是指任何能够引起摄影师拍摄兴趣的事物，而在构成上，点、线与面都可以成为画面的主体。

主体是构图的行为中心，画面中的各种构图元素都围绕着主体展开，因此主体有两个主要作用，一是表达内容，二是构建画面。

↑在这幅作品中，主体在画面中一目了然，简洁的背景使主体更加突出

主体的处理方法

主体是画面的视觉核心，是整幅画面引人关注的焦点所在。如果主体处理不当，那么画面就会显得杂乱且平淡。而突出与强调主体形象，可以使观者瞬间领会到拍摄者所要表达的意图。

↑纯净的背景使主体人物更加突出

陪体

陪体的概念

顾名思义，陪体是指画面中作为陪衬的物体，是与主体息息相关的事物，同时也是除主体外最直接的次要拍摄对象。陪体在画面中并非必需的，但恰当地运用陪体可以让画面更为丰富，渲染不同的气氛，对主体起到解释、限定、说明、烘托及渲染的作用。陪体还可以配合主体说明画面内容，也就是对主体起到解释说明的作用，适当地运用陪体，将有利于观赏者正确地理解画面的主题。

在形式上，与主体形成对比或起到反衬作用的是陪体。这样，在使主体得到突出展现的同时，还能够美化、均衡画面，并渲染整体气氛。

↑ 利用火龙果的叶子及果实作为陪体，衬托一对爱人的甜蜜及对美好生活的憧憬

陪体的作用

陪体不能削弱主体的表现，绝不能喧宾夺主，破坏主体的表现力。下面补充两点陪体在画面中的作用。

陪体的第一个作用是增强画面透视效果。配合广角镜头并作为前景，能有效地增强画面的透视效果，使画面富有立体感、空间感。

陪体的第二个作用是平衡画面。合理搭配陪体，可以使画面在视觉上得到平衡，尤其是在拍摄风光作品时，小的陪体往往具有非常重要的作用。

↑ 在表现树挂时，将旁边的路人也纳入画面，不仅衬托出树挂的高大，其鲜艳的衣服也为画面增添了色彩

前景

前景是指位于拍摄主体前面或靠近镜头的景物。前景的位置并没有特别的规定，根据拍摄物体的特征和构图需要来决定即可。前景是最灵活多变的，因此前景的运用非常关键。

用前景引导视线

将线条作为前景，可以起到视觉引导的作用。让观赏者的视线由近及远，延伸至主体上，可以有效地突出主体，带来曲径通幽的审美愉悦感。值得注意的是，运用线条作为前景时，要避免节奏与变化过于简单和直白，线条间应该有变化、有对比。

利用前景丰富画面元素

前景可以用于丰富画面的构成，例如，在拍摄日出日落时，可以利用野草、树木或亭台楼阁等对象作为前景来丰富画面。

利用前景遮挡画面缺陷

在比较复杂的环境下拍摄时，为了使画面更美观，可以借助前景中合适的对象，如树枝、街灯等带有装饰性质的物体，遮挡场景中的杂物，以美化画面。

用前景约束视线

此外，可以充分利用前景物体作为框架，形成框式构图。这种构图方法不仅能够约束观众的视线，将其强制聚集于被拍摄主体上，还能够使画面的景物层次更丰富，加强画面的空间感，美化画面，增强画面的形式感。

个 在拍摄樱花人像时，加入了水面作为前景，使画面变得更加柔美

个 利用樱花树枝形成框式构图，使观众视线集中到山峰上

利用前景营造三维空间感

适当选用前景也能非常有效地增加画面的空间感，达到在二维平面里表现三维空间的效果。这是由于距离镜头比较近的景物在画面中成像较大，而距离镜头比较远的景物则较小，从而形成远景与近景之间近大远小的透视效果。这样的画面会给人空间感，而不是单纯的平面感。如果前景和主体是通过纵深的线条联系在一起的，立体感将更加突出。

利用前景突出空间感时，用广角视角贴近前景拍摄非常有效，广角镜头可以更加强化近大远小的关系。

使用广角视角将前景中的线条进行拉伸，形成具有强烈透视效果的汇聚线，画面空间感、纵深感强烈

利用前景表现身临其境的冲击感

由于人们对摄影艺术审美观念的变化和发展，对照片的要求越来越趋向自然、真实，要求有现场的气氛。虚化的前景可以强调出这种现场气氛，而且前景的虚化也有助于突出主体的实，以虚衬实。无论是拍摄动物、人像还是风光，这样的方法都很适用。

在实际拍摄时，前景的运用往往同时融合了多种效果。但是要注意，前景的使用不可太过，在可有可无时，为了保持画面的简洁可舍弃不用。如果要使用前景，其形状和线条结构要与主体相呼应，帮助表达主题思想。

将流动的水作为前景，通过低速快门将水流虚化成线状，给人感觉仿佛将要冲出画面一般，具有强烈的视觉冲击效果

中景

中景是指介于背景和前景之间的景别。中景的景观选择范围要比前景和后景更大。

通过构图手法，使中景的前面有遮挡的前景，后面有虚幻的背景，会使画面层次显得较为丰富。

利用荷叶作为前景，将远山作为背景，可以衬托娇艳的荷花，虽然是小景深画面，但空间感很强

背景

背景就是在主物体背后的景物。不同的背景选择和不同的表现手法都可以使所拍摄的画面看起来更有意境。

背景的主要作用包括说明主体所处的位置及渲染气氛。合理地利用背景，既能烘托主体，又能交代拍摄地点等相关信息。

从某种意义上来说，背景比前景更为重要，它可以间接点明主题，起到画龙点睛的作用。在构图方面，背景的选择也决定了整张照片的内容和含义，也就是作品的主题。

选择远离背景的主体拍摄，得到虚化的背景，使前景中的景物得到了更好的表现

背景的对比衬托作用

达·芬奇对背景的作用有过这样的说明："在亮背景上的暗物体，看上去会显得比原来小。而在颜色较暗背景上的亮调物体，则显得外形较大。"这段话充分说明了背景对主体的对比衬托作用。

在亮背景上的暗物体，看上去显得比原来小。而在颜色较暗背景上的亮调物体，则显得比原来大

背景的说明作用

背景可以说明主体所处的位置，如果背景有特殊的标记物，如上海的东方明珠、北京的国家大剧院和西安的兵马俑等，则能够充分说明主体所处的地理位置。

背景简化画面的作用

用背景简化画面有以下 3 种常见的方法：俯拍以草地、水面为背景；仰拍以天空或屋顶为背景；还可以使用长焦距、大光圈将背景虚化。

环境

环境是指主体周围的人物、景物和空间，是画面的重要组成部分。它有助于表现画面的情调和气氛，以及人物的性格与气质。环境是分布在不同的空间位置的，一般情况下，环境分为前景、中景和背景，主要用于烘托主题，进一步强化主题的表现，并丰富画面层次。

在海边拍摄人像作品时，可将其周围的环境也纳入画面，不仅可以交代其身处的环境，也起到了美化画面的作用

留白

只要稍微留意就会发现，传统国画很少会把背景填得满满的；相反，背景多为大片空白，这里称之为“留白”。

“留白”的基本概念不是把“白”的地方视为空白的无，而是把“无”看成“有”，这种观念与中国文化中易、道的思想有着密切关系。所谓“虚实”“有无”看似对立，实则相辅相成，发挥互补长短的作用，达到和谐的对比效果。

因此，古代的贤人哲士并不把“无”与“虚”看成负面，老子：“埏埴以为器，当其无，有器之用。凿户牖以为室，当其无，有室之用。故有之以为利，无之以为用。”说的正是“无”的用处。

受传统哲学思想的影响，古代国画家一开始便明白虚中有实、白而不空的道理。

最佳的例子莫过于齐白石创作的虾。齐白石擅长画虾，他画的虾背景都是清一色的留白，他的虾晶莹通透，灵活生猛，这当然是得力于齐白石精湛的笔墨技巧，令人信服他笔下的虾是活生生地在清澈如镜的水中畅游的。

实际上，齐白石画的虾，画面背景其实就是画纸本身，没有了虾，那就是一片空白，但有了虾，空白的背景顿成一池湖水。

又譬如宋画院的花鸟画，虽然画面中看到的只是一段折枝的花，没有清晰的远景，却感觉鸟和花仿佛就在林中的一棵树上，就像运用了现代焦距装置的照相机，把远处的景色拉近，成为镜头中的焦点一样，至于背景，已变得不重要。

用中国水墨画的表现手法，将雾气笼罩的森林表现成为简洁的留白与黑色的剪影，画面有浓有淡、有深有浅、有实有虚，让人感受到十足的画意之美

构图的基本原则

从无序中寻找有序确立画面主体

摄影构图是从自然存在的混乱事物之中找出秩序的思维过程，是把大量散乱的构图要素组织成一个整体的过程。简单地说，摄影构图就是为了在混乱的画面中，寻找有秩序的画面，即通过对画面中人或物，以及主体与陪体的安排，突出主题，目的是向观众传达创作者的兴奋、崇敬、畏惧、惊异或同情等情绪或思想。

在这个过程中，创作者要运用各种构图手段，确保画面有鲜明的兴趣中心点，因为当一幅作品包罗万象，纳入过多对象时，只会使画面显得杂乱无章，分散观赏者的注意力且模糊画面的主题。

而营造画面兴趣中心则要求画面突出表现一个景物，具有一个清晰而鲜明的事物或主体思想，既可以是整个物体或者物体的某个组成部分，也可以是一个抽象的构图元素，或者是几个元素的组合等，从而使画面产生统一感。

↑ 摄影师选择合适的角度拍摄，得到的背景较单纯，很好地突出了主体

赋予画面形式美感

在摄影中，形式美通常是指将构成画面的基本视觉元素，如色彩、形状、线条、质感等，通过组织、提炼呈现出一定的审美特征。

作为一名摄影师，要相信绝大部分事物都有其独特的视觉审美点，无论它是渺小还是宏伟、华丽，抑或是朴素。摄影师的任务就是从形态、线条、质感、明暗、颜色及光线等方面进行观察，综合运用各种造型手段，将被拍摄对象的形式美体现在照片中。

在拍摄时采用了仰视角度，以蓝天为背景，得到了色彩漂亮、画面简洁的效果

以画面中心的小屋作为对称中心，利用左右的栏杆，形成对称的画面。而背景中右侧刚刚升起的太阳，为照片增添了生机与活力

三分法则与画面平衡

三分法则的应用技巧

三分法构图是比较稳定、自然的构图。把主体放在三分线上，可以引导人的视线更好地注意到主体。这种构图法一直以来被各种题材的拍摄者广泛使用。

在拍摄人像时，将眼睛或头部放置在三分线交点（比如左上方）上，留白处暗示情绪或故事。

在拍摄风光时，将地平线 / 海平面放在下三分线（天空占比 2/3）或上三分线（地面占比 2/3）处，可以避免居中构图的呆板。

此外，在拍摄运动场景时，可以用线来“带节奏”，如在拍跑步或骑车时，可以把人物放在左下方的交点上，运动方向沿右三分线延伸，画面有“冲出去”的动感。

将模特安排在画面左侧的三分线上，使观众的视线第一时间被主体吸引

如何利用画面分割点突出主体

黄金分割是一种能带来视觉和谐与平衡的比例关系，在艺术领域有重要的应用价值。摄影画面采用此比例，即将主体置于分割点或分割线上，能触发人类视觉的“本能关注”，让画面更自然、和谐且高级。

黄金分割构图对于摄影构图有明显的美学价值，主要表现在以下三个方面。

» 用于确定画幅比例，如竖画幅的高 8 与宽 5 或横方形画面的高 5 与宽 8。

» 用于确定地平线或水平线的位置，如水面在画面中占 5，天空占 8；或水面在画面中占 8，天空占 5，两种视觉效果各不相同。

» 还可以用于确定主体在画面中的视觉位置。例如，可以在水平或垂直的三分线上，也可以在三分线相交的黄金分割点上。

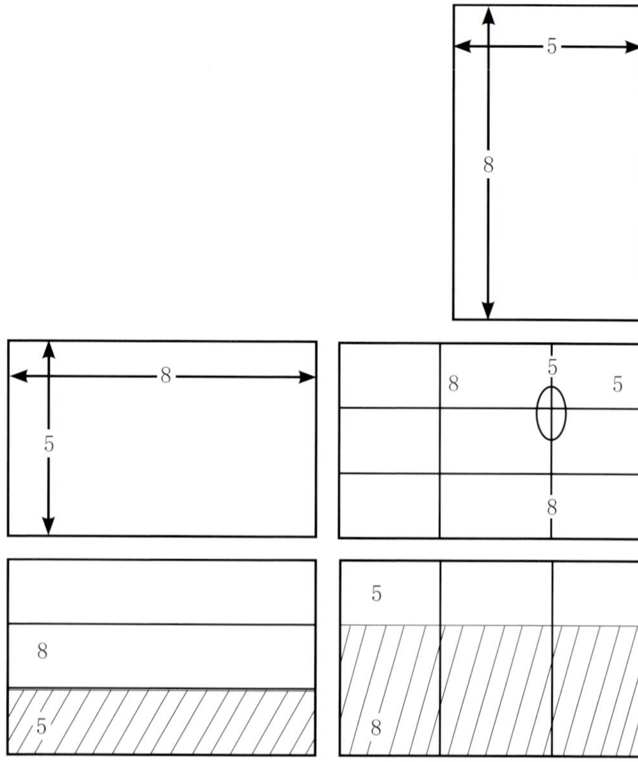

利用九宫格构图法，将荷花放在三分线的交点处，起到了突出主体的作用

对称与非对称构图

对称构图的美感与适用场景

对称是美学中最经常使用的表现方法之一，往往能塑造很强的形式感，营造严肃、平衡的效果。不过作为一种古老的美学理念，有时绝对的对称可能会让画面单调、乏味，在对称环境中，加入适当的变化，可以改变呆板的构图，为画面增添活力。但在拍摄建筑、倒影等题材时，用对称构图可使画面更稳重、恬静。

水面倒影和实体山体形成上下对称的关系，画面均衡

非对称构图的动态与张力

与对称构图的平衡、稳定不同，非对称构图通过元素的刻意失衡，创造出视觉上的不稳定感，从而给人动态的视觉体验。

非对称构图的核心在于打破常规的和谐，通过大小、位置、方向的对比，让画面产生视觉冲突。例如，将主体放置在画面的一侧，而另一侧留白或放置较小的陪体，这种视觉上的不平衡立刻产生了“拉扯”感，观众的视线会在主体与陪体之间游走，形成动态的视觉流程。

此外，利用引导线、视线方向或物体运动趋势，将观众的视线引向画面外，也能增强画面的张力。

画面左边的大树和右边的小草相互呼应，同时又是前景和背景的呼应，画面达到不对称的均衡，给人一种平衡、稳定的感觉

引导线与视觉流向

自然引导线的识别与利用

线条可以很好地塑造照片的形式美，并引导观众视线，因此在摄影过程中应该尝试提取画面中的线条进行表现。但并非所有的景物都具有线条，或者在常规的视角下需要表现的对象的线条不够明显和美观，此时作为摄影师就应该尝试使用一些特殊的视角去寻找并提取其中的线条，或者说是创造线条。

寻找有形的线条——建筑物的线条

无论是现代建筑还是古代建筑，大都具有比较鲜明的线条感，无论直线还是曲线，都是值得摄影师仔细观察并捕捉的拍摄题材。

寻找有形的线条——植物

植物也是一类具有明显线条感的拍摄题材，尤其是细小的枝条、冬天干枯的树枝等，都可以作为表现线条的对象来进行拍摄。

这类拍摄题材的线条本身比较纤细，很容易被杂乱的背景所淹没，因此在拍摄时应尽可能地选择简洁的背景，或使用浅景深将线条以外的区域尽可能地加以虚化，使主体更加突出。

例如，树叶的侧面、抽出的枝条、挂着白雪的干枯树枝或嫩绿卷曲的藤干等，都具有优美的线条，因此配合大光圈对背景进行虚化，就能够在前景中突出展现这些极为精致的线条。

寻找有形的线条——山脉

提炼山脉的线条与提炼建筑的线条有着很大的相似之处，与相对规则的建筑线条相比，山脉的线条更加随意，更充满自然的韵味。即使是没有棱角的山脉，在合适的光线下也能够提炼出精彩的线条。

寻找有形的线条——道路、桥梁

道路和桥梁是比较常见的风光拍摄题材，不同的道路和桥梁形成的线条也各不相同，在拍摄时可注意突出其特点来表现。例如，可以拍摄纵横于田间的小道，使其成为分割画面的线条，可将田间劳动的人物作为画面的点睛之笔，使画面更有生气。

前景中的三角形构图使画面更稳定，同时形成牵引线条引导观赏者的视线至远景，远景中的曲线构图使画面更具动感

寻找有形的线条——自然地貌

大自然的地貌千变万化，由于地理位置、生态环境等诸多因素，呈现出千奇百怪的景象。例如，中国的九寨沟、黄龙、魔鬼城，美国的羚羊谷、黄石国家公园等，这样的地貌都能够呈现出各种各样不同的线条。

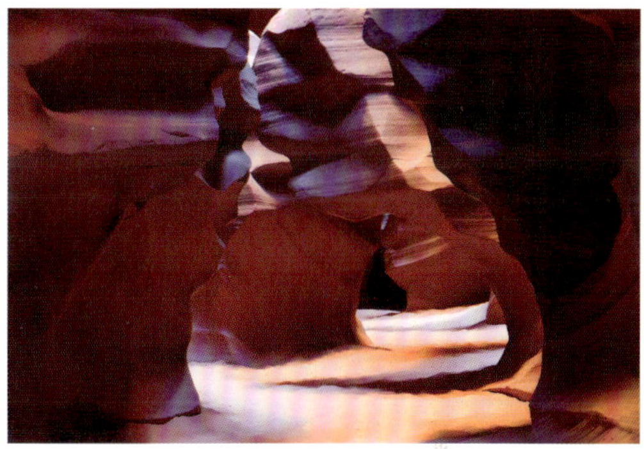

利用明暗对比的方法拍摄羚羊山谷，可以看出画面线条感明显

寻找有形的线条——光线

光线是一类比较常见的线条，无论是自然光线还是人工光线，都是非常不错的表现对象。例如，可以使用广角镜头捕捉完美的半圆形彩虹线条，给人以美好的憧憬；通过慢速快门拍摄得到的车灯拖尾效果，形成了具有明确方向感的线条——这也是通过技术手段创造线条的一个典范。

阳光透过树林形成的线条为画面增添了神秘的色彩

如何通过引导线增强画面深度

视觉引导

画面中线条的走向，影响着人们观看照片时的视觉流程，充分利用这一点，对于表达主题、引导观众浏览视觉焦点具有重要意义。例如，可以通过构图使水面上桥体的透视感加强，最终指向太阳或其他主体，从而起到引导观赏者视线的作用。

利用广角镜头拍摄走廊，近大远小的透视效果使画面形成视觉引导，将观赏者的视线引到走廊的尽头，加强了画面的空间感

形式美

线条能够创造形式美感，至于什么样的线条能够创造形式美，则需要拍摄者在生活中去发掘。例如，在拍摄树木时，可以通过其细密的树枝，在画面中形成非常漂亮的线条；在拍摄建筑时，可以将其横平竖直的栏杆和弯曲的走廊以线条的形式凸显出来，增加画面的形式美感。

仰视拍摄建筑内部的曲线结构，画面简洁且具有线条感的形式美

框架构图与层次感

利用前景框架增强画面层次

框架构图是充分利用前景物体作为框架进行拍摄的构图形式，框架可以是任何形状。这种构图方式能使画面景物的层次更丰富，加强画面的空间感，并能更好地突出主题，以强调画面的视觉中心点。

在具体拍摄时，可以考虑用窗、门、树枝、阴影、手等为画面制作“框架”。

利用框架构图将观赏者的视线吸引至画面主体上，并营造出了良好的空间层次

框架构图的创意应用

利用自然框架借景造境

比如，拍摄古建筑，用门洞、窗棂框住远处的楼阁，既突出了主体，又营造了“窥探历史”的意境。在拍人像作品时，让模特站在拱形树洞前，枝叶形成的天然画框能柔化边缘，让脸庞更立体，虚化背景后，更增强了氛围感。

利用人工框架玩转几何

用铁艺栏杆、彩色玻璃、霓虹灯牌等现代元素当框架，街头摄影作品瞬间变赛博大片。比如，透过咖啡馆的菱形玻璃拍行人，光影切割画面，科技感与市井气碰撞出超现实感。

利用虚实框架制造悬念

用虚化的前景（如飘动的窗帘、朦胧的雾气）框住主体，既能遮挡杂乱的背景，又能用半遮半掩的模糊感勾起观众的好奇心，适合拍神秘的人像或静物。

利用天然的岩洞作为框架，展现风光场景的磅礴气势

负空间与留白的艺术

负空间的作用与运用技巧

负空间是一个在西方艺术、设计、建筑和雕塑中使用了数百年的概念，从本质上说，负空间与留白一样，均指除实体以外的空白区域，与其相对应的概念是正空间，也就是画面中主体元素所覆盖的区域。

需要注意的是，负空间并不是特指“空空间”，尽管有些照片的负空间区的确是无细节的纯白色或纯黑色。

但对更多照片来说，负空间有纹理、形式或细节，因此对负空间更准确的定义是任何无干扰的，看似无关紧要且不会引起观众注意的区域。

因此，照片中的大片草地、天空、水面、墙体均可以是负空间。

虽然，当负空间面积较大时，与留白有很多相似之处，但负空间还有造型的作用，这是留白所不具备的。换言之，在一张照片中，除了主体形成的正空间可以呈现形式美感，通过合理地取景与构图，负空间也可以呈现出一定的形式美感，甚至具有一定的意义。

个 右下方长条形的负空间破坏了圆顶形成的弧形负空间

个 取景时向上、向左移动相机，使天空的负空间更流畅

个 取景时向下、向左移动相机，使天空处形成一大一小两个负空间，使大的负空间呈倒立的三角形，造型更美观

通过上面的 3 张照片可以看出来，如果在拍摄时，分一部分注意力到负空间上，可以更好地优化照片。不过，由于负空间是空白的区域，所以经常会被忽略，摄影师需要刻意训练专注度，才能在拍摄时逐渐“看到”负空间，进一步运用构图手法提升照片的美感。

留白如何提升画面意境

留白来源于传统的国画绘画理论，即画中的空白应该以无形当有形来理解，虽然从画的表象上感觉到的是空白，是“虚”，但实际上其强调突出的是画面的“实”。借鉴国画构图中的留白理论，可以使摄影作品更具审美价值。

国画构图很讲究留白产生的虚实相生的意境。例如，在画面中的天空位置画一排飞雁，而天空会显得格外空旷，空处即使没有浮云，也能够让人感觉到云淡风轻的意境。因此，国画的空白并不是空无一物，空的地方可能是云、雾、天、地等，通过画面中绘制出来的景象来引导观者对画面中的空处进行联想。如同唐诗“云里帝城双凤阙，雨中春树万人家”所描述的完美意境。

大面积的天空很好地突出了主体人物，同时使画面极具空旷美

动态构图与拍摄技巧

捕捉动态场景的构图方法

斜线——活力无限的构图

斜线构图能够表现运动感，使画面在斜线方向上有视觉动势和运动趋向，从而使画面充满强烈的运动感、速度感。在拍摄激烈的赛车或其他速度型比赛时，常用此类构图方式。

运动员的身体在画面中形成自然的斜线，让画面的动感效果很好

对角线——强调方向的构图

对角线构图即在取景范围内，经过拍摄者的选择和提炼，使主体景物呈现为明显的对角线形态。在拍摄篮球比赛场景时，用对角线构图捕捉跳跃、奔跑等爆发性动作，对角线能拉长视觉动线，让动作更舒展，将画面张力拉满。

马路在画面中形成对角线构图，拉长画面的视觉效果

留白——预判轨迹，引出运动方向

在拍摄如赛车转弯、飞鸟滑翔类场景时，提前预判主体的运动路径，在画面中为运动方向留出 2/3 的空白空间，避免主体“撞”出画面，强化“向前冲”的动势。

还可以结合倾斜相机的拍摄手法，让画面的动感效果更强。

透视牵引——增强空间的构图

透视牵引构图能使观赏者的视线聚焦在整个画面中的某个点或某条线上，形成一个视觉中心。透视牵引对视线具有引导作用，而且增强了整个画面的空间感。

在拍摄动态场景时，可以利用道路、桥梁等线条引导观众视线自然地聚焦于主体，同时增强画面的动态感。

如何表现运动的瞬间与轨迹

高速快门定格瞬间

使用高速快门（如 1/500 秒或更快）可以“冻结”快速移动的主体，清晰地记录下运动员冲刺、跳跃或投掷的瞬间。这对于展现精确的动作细节至关重要，例如篮球运动员扣篮时的表情和姿态。

个 使用高速快门定格女孩跳起来的动作

慢速快门展示轨迹

为了表现出运动的轨迹，可以选择较慢的快门速度（如 1/30 秒），同时跟随被摄体移动相机（即追踪拍摄）。这样可以让主体保持相对清晰，而背景呈现出动态模糊的效果，强调了速度感和动感。

个 使用低速快门追随拍摄出租车，虚化的光影线条让画面动感十足

预判与连拍模式

预测运动的方向和顶点，并提前对焦，然后使用相机的连拍功能连续拍摄，以确保抓住最佳时刻。这在体育赛事中尤为重要，因为关键时刻往往转瞬即逝。

个 使用连拍模式抓拍猫咪追逐打闹的画面

构图与光线的关系

光线如何影响构图效果

光线不仅影响照片的整体氛围和情感表达，还直接决定了画面的视觉效果。首先，不同方向的光线会带来各异的阴影分布和对比度，从而改变被摄物体的立体感和质感。例如，侧光能够突出物体的轮廓和表面纹理，使画面富有层次感；逆光则能创造出剪影效果或为前景增添柔和的光晕，营造出梦幻般的氛围。

其次，光线的质量（硬光与柔光）对构图也有显著影响。硬光可以产生清晰的阴影和强烈的对比，适合表现戏剧性的场景；而柔光则可提供均匀的照明，减少阴影，使得色彩更加鲜艳饱和，适合拍摄细腻的主题，如人像作品或花卉作品。

再者，光线的色温同样不容忽视。日出和日落时分的暖色调可以赋予画面温馨、浪漫的气质；正午阳光下的冷色调则可能传达出清新、冷静的情绪。摄影师应根据想要表达的情感来选择合适的拍摄时间。

此外，利用光线进行引导也是一种有效的构图技巧。通过高亮区域吸引观众视线，或者借助光影交错形成引导线，可以让观者的目光自然地游走在画面上，增加作品的吸引力。

不同光线条件下的构图策略

不同的光线条件要求摄影师采取相应的构图策略，来使画面达到最佳的视觉表现。

在直射光环境下，画面明暗反差强烈，适合采用简约构图。在拍摄时，可以利用光影切割画面，将主体置于亮部或暗部三角形区域，以明暗交界线构建视觉引导。例如，拍摄逆光人像，可让轮廓线占据画面三分之二的面积，在暗部形成神秘留白。

在散光条件下，光线均匀，适合层次丰富的构图。此时，可运用框架构图，如透过树枝拍摄建筑，利用近大远小的透视关系，配合散射光下的细腻质感，构建空间纵深感；利用黄金分割点放置主体，辅以重复元素形成节奏。

在特殊光线下，构图需顺势而为。比如，彩虹出现时采用对称构图突出自然奇观；舞台追光则用开放式构图，让光束成为视觉延伸；剪影构图要选择轮廓鲜明的主体，将其置于画面边缘，留出大面积暗调空间。

在弱光场景下拍摄时，则要依赖人工光源重构画面。比如，霓虹夜景适合多点式构图，捕捉随机分布的光斑，形成视觉韵律。

光线直射在人物身上，明暗对比，以及光线形成的线条，都让观众视线集中到了人物身上

打破规则与创新构图

如何在构图中加入创意

在摄影构图中加入创意，意味着跳出常规的框架，以独特的方式表达自己的视角和故事。首先，可以尝试非传统的角度，比如低角度拍摄，让前景物体显得庞大，从而增加画面的戏剧性；或者采用鸟瞰视角，为观众提供一个全新的观察世界的视角。

其次，可以利用元素重组创造意外之美。将不相关的物体并置，如古老石像与时尚人影形成时空对话；也可利用错位构图，让前景与背景元素产生趣味关联，如透过咖啡杯拍摄城市天际线，使杯沿弧线成为画面框架。

第三，可以利用反直觉布局挑战视觉惯性，如在拍海浪时故意让地平线歪斜，强化动荡感；或者将留白极端化，如人物只拍半张脸，剩余空间用纯色或纹理填充，引发观众联想。

最后，不要害怕打破规则，比如三分法虽然常用，但有时将主体置于画面中心或边缘也能创造出意想不到的艺术效果。此外，实验性的后期处理技术，如双重曝光、颜色分级等，也可以为作品增添独特的风格。

打破传统规则的实验性构图

错视构图

错视构图是指通过巧妙地设置拍摄点，使前景中的景物与背景中的景物在拍摄后，合成在一个平面中，得到或新奇、或幽默的图像效果。例如，在婚礼摄影中，常常能够见到右图这样的摄影作品，新郎以半跪姿势，手里捧着一枚太阳，献给美丽的新娘。这正是在拍摄时通过角度的调整，将太阳与人物手掌重叠，从而形成了“献宝”的画面。

利用近大远小的手法，巧妙地将人物的动作与背景中的太阳相结合，形成错视构图，画面非常具有趣味性

抽象构图

抽象构图的目的是使常见的景物变得陌生，从而改变观众看待世界的角度。

与其他构图手法不同，抽象构图更类似于一个概念，因为这种构图法则与其名称一样，比较抽象，没有一个特定或固定的实现手段。

比较常见的是以水面、镜子为拍摄对象，当景物在水面、镜子上形成或虚或实的影像时，拍摄截取其中最具特点的部分，即可形成不错的抽象构图。

个 天鹅游过水面形成的波纹扭曲了水面上的建筑倒影，给人以似真似假的视觉效果

变形构图

所谓变形构图，是指通过特定的光线、特殊的拍摄角度等，表现出基于原物的变形形态，让被摄对象表现出与常态不同的外貌形态等，使画面具有奇特、新鲜的视觉效果，给观者以另类的视觉感受。

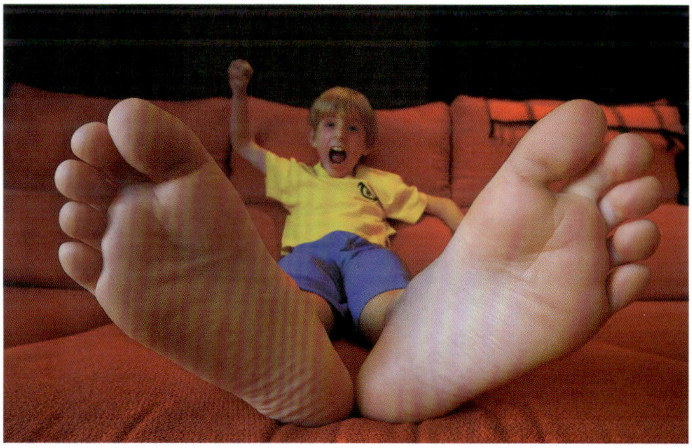

个 利用广角镜头的透视性能，使孩子的双脚与其身体形成夸张的效果，画面非常具有视觉冲击力

构图实战：风景、人像与建筑

风景摄影构图技巧

在风景摄影中，用好构图能让平凡的景色焕发出独特的魅力，将摄影师眼中的壮丽山河、宁静田园精准地传递给观众。下面列举一些在拍摄风光题材时常用且有效的构图技巧。

三分法构图

三分法构图堪称风景摄影的经典法则。想象将画面用两条竖线和两条横线平均分割成九宫格，把拍摄主体或画面中的重要元素放置在分割线的交叉点上，或者是沿着分割线分布，这样能让画面更加平衡、和谐，吸引观者的目光。比如，拍摄一片绚烂的花海，将远处的山峦置于上方的交叉点上，而将近处的一簇花朵放在下方的交叉点上，画面便有了明确的视觉焦点，层次感也有了。

三分法在构图中很重要，把一些消失点放到交叉点上，画面就会让人很舒服

引导线构图

引导线构图能巧妙地引导观者的视线深入画面。河流、道路、铁轨等线条元素都是绝佳的引导线。在拍摄蜿蜒的乡间小路时，让小路从画面的一角延伸至远方，观者的视线便会顺着小路不断深入，仿佛置身于画面之中，增强了画面的纵深感和故事性。

对称构图

对称构图则能营造出稳定、庄重的氛围。在拍摄湖光山色时，平静的湖面宛如一面镜子，倒映着周围的山峦、树木，此时运用对称构图，将水平线置于画面三分之一处，天空与水面各占一部分，既能展现天空的辽阔，又能突出水面的宁静，使画面富有诗意。

前景引导构图

在画面中加入前景元素，如石头、树枝等，不仅能增加画面的深度和立体感，还能引导观者的视线深入画面。例如，在拍摄雪山时，在前景放置几块形状独特的石头，既能丰富画面内容，又能让画面更具故事性。

留白构图

在画面中适当留白，给观者留下想象的空间，可以增强画面的意境美。在拍摄海景时，天空和海面大面积留白，仅以一艘小船点缀，画面简洁而富有诗意。

↑留白让画面很有灵气，也很有神秘感

人像摄影的构图技巧

在人像摄影中，构图是展现人物魅力、传递情感的关键，恰当的构图能让照片脱颖而出。

中心构图

中心构图简单直接，将人物置于画面正中，能迅速聚焦观众的目光，适合特写，突出人物的表情细节。如拍摄孩子纯真的笑脸，将其放在画面中心，喜怒哀乐让人一目了然。

三分法构图

三分法构图经典实用。把画面划分为九宫格形式，将人物的眼睛或关键部位置于交叉点上，画面更和谐。在拍全身照时，人物占画面的三分之一，留出空间展示背景，故事感更强。如在拍海边人物，右侧三分之一放人物，左侧是海与天，意境开阔。

引导线构图可增强画面纵深

比如，利用道路、栏杆等线条，把观众的视线引向人物。街拍时，模特站在蜿蜒的街道旁，街道线条延伸至模特，画面层次感和引导性兼具。

框架构图

框架构图能营造独特的视觉效果。用门窗、树枝等作框架，框住人物，既能突出主体又可营造神秘感。比如，模特站在古老的窗前，以窗为框，老建筑韵味尽显。

留白构图

留白构图赋予了画面想象的空间，适当留白，可以为画面增强意境美。在拍古装模特在空旷的庭院中时，大面积留白，宁静悠远之感油然而生。

↑ 在田野中拍摄时，适合用留白的构图方法，来表现出环境的空旷之美

建筑摄影的构图技巧

在使用运动相机拍摄建筑时，可以充分利用其便携性和广角特性，结合以下构图技巧，捕捉建筑的独特魅力。

广角镜头与低角度拍摄

为运动相机配备广角镜头，适合低角度仰拍建筑，强化近大远小的透视关系，使建筑显得更加宏伟。例如，将镜头贴近地面或建筑物的底部，可以利用广角畸变增强视觉冲击力，同时避开地面上杂乱的元素，简化背景，突出建筑主体。

引导线构图

建筑的线条（如廊柱、楼梯或屋檐）是天然的引导线，能将观众的视线引向画面焦点。例如，在拍摄长廊时，利用柱子的延伸线引导视线至画面深处，可以增强画面的空间感和纵深感。

对称构图

对称是建筑的常见特征，利用对称构图能展现建筑的平衡与庄重。例如，在拍摄古典建筑的入口或大厅时，将对称轴置于画面中心，可以营造出稳定而大气的效果。

框架构图

利用门框、窗框或树枝等元素作为前景框架，既能突出主体建筑，又能增加画面的层次感。例如，透过拱门拍摄远处的建筑，形成“画中画”的效果，提升视觉趣味。

非常规视角

运动相机的便携性使其适合探索独特的视角，可以尝试俯拍、仰拍或侧拍，捕捉建筑的局部细节或整体布局。例如，从高处俯拍建筑群，展现其与环境的整体关系；或聚焦建筑纹理、光影等细节，表现质感与美感。

↑ 广角镜头配合低角度拍摄，使画面的视觉冲击力极强

第 5 章　认识各种视频景别及镜头

景别的分类与特点

远景

远景的定义与应用

远距离广阔场景的画面称为远景，远景能够将画面主体全部纳入画面中。远景画面的特点是空间大、景物层次多、主体形象矮小、画面中的人物特征模糊、陪衬景物多。远景能够在很大范围内全面地表现环境。

远景常用于展现宏大壮阔的场面，在拍摄视频时运用远景可以揭示角色的运动方向。

远景的拍摄技巧

拍摄远景的目的是表现画面的整体气势，正如绘画理论中提到的“远取其势”，通常需要在高处甚至高空进行，因此，借助无人机及大型升降臂拍摄出来的效果更佳。在构图中，要关注画面中的线条，如江湖河道的走向、山峦起伏形成的线条。

远景在叙事中的作用

远景在叙事中起到交代环境、烘托氛围和展示规模的作用。它能展现人物所处的大背景，帮助观众理解故事发生的地点与时代；同时通过广阔的画面增强情绪的渲染，如孤独、壮丽或压抑等；还能表现人群、建筑或自然景观的宏大场面，强化视觉冲击力，使观众更有代入感。

利用远景拍摄新人，营造人在画中的感觉

全景

全景的定义与应用

凡是能够表现被摄对象全貌的画面统称为全景，如表现人物全貌的全身照片，以及表现建筑物全貌的照片等。

小到人像的全身照、几平方米的室内照，大到可容纳上千人的会场照、举办大型体育赛事的场馆等类型的照片，都可称之为全景照。因此，全景的范围大小取决于拍摄对象的体积和面积。

由于拍摄全景的距离比远景近，画面范围也小，主体大，陪体数量少，因此全景照片通常用于说明所记录事物的全貌。

全景的拍摄技巧

在拍摄全景时，首先要选择高处或开阔的位置，确保视野无遮挡。使用广角镜头能更全面地展现场景，但要注意避免畸变。在构图上，要有主次分明的层次感，通常将主体放在前景或画面中心，利用线条引导观众视线向远方延伸。注意光线均匀，避免局部过曝或阴影过重。如需更大视角，可采用接片拍摄，后期拼接合成。保持相机水平，防止倾斜造成画面失真。

全景在场景交代中的作用

全景在场景交代中具有关键作用，它能完整地展现环境布局，让观众快速了解故事发生的地点和空间关系。通过呈现人物与周围环境的互动，全景可以帮助设定场景基调，如繁华、荒凉或紧张等，增强叙事的真实感与代入感。同时，全景也能为后续镜头提供视觉参考，使画面语言更连贯清晰。

在拍摄视频时，全景镜头有定场作用，是非常重要的景别，用于介绍角色所处的环境，揭示不同角色之间的关系、角色与环境之间的关系。

另外，人物在画面中位置将直接决定了其运动的方向和趋势，因此，要提前确定好运动路径，再确定初始全景镜头中角色的位置。

利用全景拍摄新人，着重表现温馨的依恋姿势与浪漫的气氛

中景

中景的定义与应用

中景画面的主体比全景高大、突出，但由于画面容纳的景物比较少，因此在交代环境方面明显不足，气势方面相对较弱。报纸杂志中使用的新闻图片大多采用中景构图，因为中景构图不仅可以说明新闻的主要活动情节，而且对新闻背景和环境要素也可以进行适当交代。

↑ 酌量纳入环境的同时，使画面主体人物更加突出

中景的拍摄技巧

在拍摄中景画面时，重点在于突出人物动作与表情，同时保留部分环境元素。使用标准视角或中焦镜头拍摄，可以避免过度畸变，使画面自然、真实。在构图上，可将人物置于前景，搭配背景中的场景细节，增强层次感。注意光线柔和均匀，突出人物面部表情和肢体语言。若表现互动，可采用双人构图或对称布局，引导观众关注人物之间的关系与情感交流。

↑ 拍摄纪实类题材，常用中景景别

中景在人物关系中的表现

中景是视频中最常见的景别，这种景别不仅能够提供丰富的细节，而且能够交代情节，因此也被称为“叙事景别”，可以表现人与人、人与景之间的关系。

此外，这种景别还可以用于承接全景与特写转换、过渡。

近景

近景的定义与应用

在距离主体比中景更近的位置拍摄的画面，统称为近景。近景画面中只包括被摄体的主要部分，针对性较强。

我国画论中有“近取其神”或“近取其质”的说法，就是指在近距离表现人物时应该着重表现其神情，如果表现的是其他对象，则应该考虑表现其质感纹理。

近景的拍摄技巧

在拍摄近景时，重点突出人物面部表情或物体细节；使用中长焦镜头虚化背景，增强主体的聚焦感；构图要紧凑，避免多余元素干扰视线，通常将眼睛或表情丰富的部位置于画面重心；光线宜柔和，突出细节层次，可用侧光或逆光勾勒轮廓；注意控制景深，使主体清晰、背景自然模糊，强化情感传达，让观众更直观地感受到人物情绪或物体质感。

近景在情感表达中的作用

在拍摄视频时，使用近景景别有助于展现角色的表情和细微的动作，以刻画角色的性格和情感。此外，由于在视频上观看距离很近，观众与角色的心理距离也相应地缩小，有人际交流的感觉，因此更容易产生共情。

近景的灯光比较容易安排，而且也容易与其他镜头组接，所以从经济方面考量，值得个人及小团队多使用。

↑ 近景能够较好地表现人物的神情与动作

特写

特写的定义与应用

特写是在极近的距离拍摄的画面，主要以被摄对象的局部作为画面的主要构成。

特写的拍摄技巧

由于特写只能表现对象的某一部位，如一件物品、一个建筑或一个人的局部，无法表现环境，因此拍摄特写时应在“特”字上下功夫。比如，表现人的局部，一定要有特殊的神态、表情或动作细节；如果表现的是物品，应该要表现其特殊的纹理、层次。

特写在细节表现中的作用

特写能聚焦局部，放大微小的元素，让平常难以察觉的细节纤毫毕现。比如，拍摄花朵，特写可展现花瓣的纹理、露珠的晶莹，凸显自然之美；拍摄人物，能捕捉眼神里的情绪、肌肤的质感，传递人物内心。通过特写，还能突出主体特征，让观众注意力高度集中，忽略背景干扰，强化视觉冲击力，赋予画面独特的魅力，引发情感共鸣。

在拍摄视频时，如果在一部作品中特写镜头数超过总镜数的一半，就会让人感觉到充满视觉张力、信息量大，例如，《舌尖上的中国》在拍摄时就使用了大量特写镜头。

这一景别又被称为“心理景别”，也常用于刻画角色的心理或情绪。

《舌尖上的中国》中的特写镜头

用特写表现花瓣上的水珠

镜头的角度与表现力

平视镜头

平视是指摄影机镜头与被摄对象处在同一水平线上，这种拍摄高度比较符合人们平常的视觉习惯和视点，而且所得画面的透视关系、结构形式都和人眼看到的大致相同，因而能给人以心理上的亲切感，适合表现人物的感情交流和内心活动，常用在日常摄影中。

拍摄儿童时要蹲下来采取平视角度

平视是典型的新闻角度，在客观纪实的新闻纪录片中常用，不追求视觉的新鲜，更多地体现画面的叙事性，确保情节的清晰讲述。

使用平视角度拍摄需要注意以下问题。

» 首先要有选择地简化背景。平视角度拍摄容易造成主体与背景景物的重叠，因此要想办法简化背景。

» 其次要突出主要形象，避免主体、陪体、背景层次不清、主次不分。要避免线条分割画面，即远处的地平线或海平线不能够在画面中间穿过，造成画面的分裂感。拍摄时可以利用高低不平的物体如山峦、树木等分散观众的注意力，还可利用画面中从前景至远方的线条变化加强深度感，从而减弱横向地平线的分割力量。

» 最后要注意平视角度拍摄的画面比较规矩、平稳，不宜表现特殊效果，因而在实际拍摄中要大胆变换拍摄高度，给画面构成带来丰富的变化。

平视拍摄花卉，画面更自然

仰拍镜头

仰视角度是将摄影机镜头安排在视平线之上，由下向上拍摄被摄体。

仰视角度拍摄往往有较强的抒情色彩，可使画面中的物体呈现某种优越感，暗含高大、赞颂、敬仰、胜利、庄重等含义，能让观众产生相应的联想，具有强烈的主观感情色彩。常用于夸大建筑、山峰的高耸之势，也能刻画威严、强悍的形象，从而使观众产生崇敬、敬畏心理。

仰拍增加了人物的控制感，有的影视作品会用仰视角度刻画独裁者和暴君的形象，或表现角色的危险性。

仰视角度拍摄有利于表现位置较高或高大垂直的景物，特别是当景物周围的拍摄空间较小时，仰视角度可以充分利用画面的深度来包容景物的体积。

仰视角度拍摄还有利于简化背景。它往往能够找到干净的天空、墙壁等作为背景，从而避开主体背后杂乱的景物，使画面更简洁，有利于突出主体。

在仰视拍摄时，由于透视的原因，垂直向上的发散动感强烈，在表现垂直运动时能增强物体跳跃的高度和腾空而起的动势。尤其是在使用广角镜头时，会使景物本身的线条向上产生汇聚，从而产生一种向上的冲击力，但容易形成夸张变形的效果，因此在塑造画面形象和表达主题时要加以控制。

↑ 仰视角度拍摄新人，体现新郎的高大及男性气概

↑ 仰视角度拍摄时以天空为背景，可以完美地避开地面杂物

另外，仰视角度拍摄时使地平线处于画面的下方，可以突出画面宽广、高远的横向空间感。

如果将地平线处理在画外，则往往使用大仰角拍摄，画面形式感和主观因素都较强。

俯拍镜头

俯视角度拍摄是指摄影机镜头处在正常视平线之上，由高处向下拍摄被摄体。

俯视角度拍摄有利于展现空间、规模、层次，可以表现出远近景物层次分明的空间透视感，有利于表现画面主体如山脉、原野、阅兵等的气势或地势，刻画多层次大规模的完整场景，也有利于展示物体间的相互关系。

俯视角度拍摄往往具有强烈的主观感情色彩，常表示反面、贬义或蔑视的感情色彩。在影视摄影中，常运用俯拍角度形成的变形贬低或丑化某些事物。

在俯拍角度下，被摄对象在画面中显得矮小，可以表现人物被环境压制的渺小和无力，从而塑造出人物的绝望、孤独。尤其是在使用广角镜头时，形成上大下小的变形，这种意味更加明显。

同时观众处在俯视视线发出的一方，在更强势的地位，由此可以表达对画中人物蔑视的态度或怜悯。

俯视角度拍摄还具有简化背景的作用，它可以找到水面、草地等单纯的景物作为背景，从而避开地平线上杂乱的景物。如果拍摄距离较远的话，还可以隐没被摄主体的细部，简化构图。

在以俯视角度拍摄时，如果使地平线位于画面的上方，可以增强画面的纵深感，使画面透视感更强。如果将地平线处理在画外，则往往使用大俯视角度拍摄，这种角度可以更好地表现地面景物。

俯视拍摄花卉，展现其几何秩序之美

俯视拍摄美食，展现其整体的造型美

斜拍镜头

斜拍镜头也被称为荷兰角、倾斜镜头，是一种通过将摄像机以一定角度倾斜，而非保持水平的方式拍摄的技巧。这种技术能够营造出一种失衡或者不安的感觉，从而增强影片的情感深度和视觉冲击力。

在拍摄视频时使用斜拍镜头，可以有效地引导观众的情绪反应。例如，在紧张、悬疑或恐怖情节中，斜拍镜头能强化场景的不稳定感，使观众感受到角色内心的焦虑或混乱。同样地，在表现创意或独特的视角时，它也能为画面增添艺术性和层次感。

实现斜拍镜头相对简单，但关键在于选择合适的倾斜角度。过度使用或角度不当可能会分散观众的注意力，甚至破坏观影体验。因此，摄影师需要根据具体场景的需求来决定倾斜的程度。

此外，斜拍镜头的运用还需考虑与整体影片风格的一致性。在一些特定类型的电影如惊悚片、科幻片中，这一手法较为常见；而在纪录片或家庭录像中则较少出现。总之，斜拍镜头是导演和摄影师用来讲述故事、表达情感的重要工具之一，正确而巧妙地运用它，可以使作品更加引人入胜。

需要注意的是，虽然斜拍镜头是一个强大的叙事工具，但它并不适用于所有情况。明智的做法是在适当的时候谨慎使用，以确保它对故事叙述有所贡献，而不是成为一种分散注意力的因素。

倾斜镜头拍摄人像，画面有种不平衡感，感觉与众不同

镜头的运动方式

推镜头

强调主体

推镜头是指镜头从全景或别的大景位由远及近，向被摄对象推近拍摄，最后使景别逐渐变成近景或特写镜头，最常用于强调画面的主体。例如，下面这组图展示了一个通过推镜头强调居中在讲解的女孩的效果。

突出细节

推镜头可以通过放大来突出事物细节或人物表情、动作，从而使观众得以知晓剧情的重点在哪里，以及人物对当前事件的反应。例如，在早期的很多谈话类节目中，当被摄对象谈到伤心处时，摄影师都会推上一个特写，展现含满泪花的眼睛。

引入角色及剧情

推镜头这种景别逐渐变小的运镜方式进入感极强，也常被用于视频的开场，在交代地点、时间、环境等信息后，正式引入主角或主要剧情。许多导演都会把开场的任务交给气势恢宏的推镜头，从大环境逐步过渡到具体的故事场景，如徐克的《龙门飞甲》。

制造悬念

当推镜头作为一组镜头的开始镜头使用时，往往可以制造悬念。例如，一个逐渐推近到角色震惊表情的镜头可以引发观众的好奇心——角色到底看到了什么才会如此震惊?

改变视频的节奏

通过改变推镜头的速度可以影响和调整画面节奏，一个缓慢向前推的镜头给人一种冷静思考的感觉，而一个快速向前推的镜头给人一种突然间有所醒悟、有所发现的感觉。

减弱运动感

当以全景表现运动的角色时，速度感是显而易见的。但如果以推镜头到特写的景别来表现角色，则会由于没有对比而弱化运动感。

拉镜头

展现主体与环境的关系

拉镜头是指摄影师通过拖动摄影器材或以变焦的方式，将视频画面从近景逐渐变换到中景甚至全景的操作，常用于表现主体与环境关系。例如，下面的拉镜头展现了模特与直播间的关系。

以小见大

例如，先特写表现面包店脱落的油漆、被打破的玻璃窗，然后逐渐后拉呈现灾难后的城市。这个镜头就可以把整个城市的破败与面包店联系起来，有以小见大的作用。

体现主体的孤立、失落感

拉镜头可以将主体孤立起来。比如，一个女人站在站台上，火车载着她唯一的孩子逐渐离去，架在火车上的摄影机逐渐远离女人，就能很好地体现出她的失落感。

引入新的角色

在后拉镜头的过程中，可以非常合理地引入新的角色或元素。例如，在一间办公室中，领导正在办公，通过后拉镜头的操作，将旁边整理文件的秘书引入画面，并与领导产生互动，如果空间够大，还可以继续后拉，引入坐在旁边焦急等待的办事群众。

营造反差

在后拉镜头的过程中，由于引入了新的元素，因此可以借助新元素与原始信息的对比营造反差。例如，以特写拍摄一个身着凉爽服装的女孩，将镜头后拉，展现的环境却是冰天雪地。

又如，以特写拍摄一个正襟危坐、西装革履的主持人，将镜头拉远之后，却发现他穿的是短裤、拖鞋。

营造告别感

拉镜头从视频效果上看起来是观众在后退，从故事中抽离出去，这种退出感、终止感具有很强的告别意味，因此如果找不到合适的结束镜头，不妨试一下拉镜头。

摇镜头

介绍环境

摇镜头是指机位固定，通过旋转摄影器材进行拍摄的镜头类型，分为水平摇拍及垂直摇拍。左右水平摇镜头适合拍摄壮阔的场景，如山脉、沙漠、海洋、草原和战场；上下摇镜头适用于展示人物或建筑的雄伟，也可用于展现峭壁的险峻。

模拟审视观察

摇镜头的视觉效果类似于一个人站在原地不动，水平或垂直转动头部，仔细观察所处的环境。摇镜头的重点不是起幅或落幅，而是在整个摇动过程中展现的信息，因此不宜过快。

强调逻辑关联

摇镜头可以暗示两个不同元素间的一种逻辑关系。例如，镜头先拍摄角色，再随着角色的目光摇镜头拍摄衣橱，则观众就能明白两者之间的联系。

转场过渡

在一个起幅画面后，利用极快的摇摄使画面中的影像全部虚化，过渡到下一个场景，可以给人一种时空穿梭的感觉。

表现动感

当拍摄运动的对象时，先拍摄其由远到近的动态，再利用摇镜头表现其经过摄影机后由近到远的动态，可以很好地表现运动物体的动态、动势、运动方向和运动轨迹。

组接主观镜头

若前一个镜头表现的是一个人环视四周的画面，则下一个镜头就应该用摇镜头表现其看到的空间，即利用摇镜头表现角色的主观视线。

移镜头

赋予画面流动感

移镜头是指摄影机在一个水平面上左右或上下移动（在纵深方向移动则为推/拉镜头）进行拍摄的镜头类型，拍摄时摄影机有可能被安装在移动轨上或配滑轮的脚架上，也有可能被安装在升降机上进行滑动拍摄。由于采用移镜头方式拍摄时，机位是移动的，因此画面具有一定的流动感，这会让观众感觉仿佛置身于画面中，视频画面更有艺术感染力。

展示环境

移镜头展示环境的作用与摇镜头十分相似，但由于移镜头打破了机位固定的限制，可以随意移动，甚至可以越过遮挡物展示空间的纵深感，因此移镜头表现的空间比摇镜头更有层次，视觉效果更为强烈。

最常见的是在旅行过程中，将拍摄器材贴在车窗上拍摄快速后退的外景。

模拟主观视角

以移镜头的形式拍摄的视频画面可以形成角色的主观视角，展示被摄角色以穿堂入室、翻墙过窗、移动逡巡的形式看到的景物。这样的画面能给观众很强的代入感，有身临其境的感受。

在拍摄商品展示、美食类视频时，常用这种运镜方式模拟仔细观察、检视的过程。此时，手持拍摄设备缓慢移动进行拍摄即可。

创造更丰富的动感视角

在具体拍摄时，如果拍摄条件有限，摄影师可能更多地采用简单的水平或垂直移镜拍摄，但如果有更大的团队、更好的器材，可综合使用移镜、摇镜及推拉镜头，以创造更丰富的动感视角。

跟镜头

跟镜头又称“跟拍”，是跟随被摄对象进行拍摄的镜头运动方式。跟镜头可连续而详尽地表现角色在行动中的动作和表情，既能突出运动中的主体，又能交代动体的运动方向、速度、体态及其与环境的关系。按摄影机的方位可以分为前跟、后跟（背跟）和侧跟 3 种方式。

前跟常用于采访，即拍摄器材在人物前方，形成“边走边说”的效果。

体育视频通常为侧面拍摄，表现运动员运动的姿态。

后跟用于追随线索人物游走于一个大场景之中，将一个超大空间里的方方面面一一介绍清楚，同时保证时空的完整性。根据剧情，还可以表现角色被追赶、跟踪的效果。

升降镜头

上升镜头是指相机的机位慢慢升起，从而表现被摄体的高大。在影视剧中，也被用来表现悬念；而下降镜头的方向则与之相反。升降镜头的特点在于能够改变镜头和画面的空间，有助于增强戏剧效果。

例如，在电影《一路响叮当》中，使用了升镜头来表现高大的圣诞老人角色。

在电影《盗梦空间》中，使用升镜头表现折叠起来的城市。

注意，不要将升降镜头与摇镜头混为一谈。比如，机位不动，仅将镜头仰起，此为摇镜头，展现的是拍摄角度的变化，而不是高度的变化。

镜头的景深与焦点

深景深

深景深的定义与特点

深景深是照片和视频拍摄一个重要的概念，无论是靠近镜头的前景物体还是远离镜头的背景元素都能保持相对清晰的状态。

深景深对表现空间层次的作用

深景深在表现空间层次方面起到了至关重要的作用。它能够有效地展现环境的整体感，让观众感受到场景的空间深度和丰富性。通过保持整个场景的清晰度，可以强调环境与人物之间的关系，增强故事的真实性和沉浸感。此外，深景深还适用于展示大场面或群体活动，如风景、建筑群、大规模集会等。

深景深的拍摄技巧

尽管Osmo Pocket 3的光圈是固定的，无法手动调整来获得深景深，但可以通过以下技巧来达到深景深效果。

第一，通过数码变焦或选择适当的拍摄模式来模拟深景深效果。通常较宽的角度会增加感知上的景深。

第二，使用广角进行拍摄，因为广角镜头会有更大的景深，使得前景到背景都能保持相对清晰。

第三，在拍摄时，尝试增加主体与背景之间的距离，这样即使在固定光圈下也能获得更深的景深效果。

最后，对焦于一个适中的距离而不是非常近的对象，这样可以最大化前后景的清晰范围。

↑ 在拍摄风光时，使用深景深可以让环境景物都清晰地呈现出来

浅景深

浅景深的定义与特点

浅景深是指画面中的主体清晰，而背景或前景呈现出柔和的模糊效果。这种模糊效果被称为“散景”，它有助于将观众的注意力集中在画面的焦点上。

浅景深对突出主体的作用

浅景深可以有效地隔离主体与复杂的背景，减少干扰因素，使观众更容易聚焦于摄影师希望强调的主体。浅景深还能够增强画面的艺术感，通过创造视觉上的层次感来提升作品的美学价值。此外，在叙述故事时，浅景深可以帮助引导观众的情绪和视线，强化特定的情感表达。

浅景深的拍摄技巧

尽管 Osmo Pocket 3 由于其小巧的设计和较小的传感器尺寸，在实现浅景深方面有一定的限制，但还是可以用下面列举的方法来达到类似的效果。

1. 靠近主体拍摄。尽量接近拍摄对象，这样可以缩短对焦距离，从而增加背景模糊的程度。

2. 最大化变焦。利用数码变焦尽可能放大主体，也可以帮助分离主体与背景。

3. 选择合适的场景。寻找那些背景与主体之间有足够距离的场景进行拍摄。背景越远，越容易产生模糊效果。

4. 后期处理。如果实际拍摄未能完全达到预期效果，可以考虑使用后期处理软件如 Adobe Premiere Pro 或 Final Cut Pro 等工具人为地添加模糊效果，以模拟浅景深效果。

浅景深能够突出前方的人物

镜头的组合与叙事

镜头组接的基本原则

镜头组接的定义与作用

在视频拍摄中，镜头组接是指将不同的镜头按照一定的逻辑和艺术原则组合在一起的过程。这个过程不仅仅是简单地将片段连接起来，而是通过精心安排每个镜头的顺序、长度及过渡方式。有效的镜头组接能够确保故事情节流畅，同时增强视觉冲击力和情感共鸣。

镜头组接在视频拍摄中具有重要作用。它不仅能推动叙事发展，通过镜头的选择与排序引导观众理解剧情，还能构建空间与时间的关系，展现场景的多维感，并实现非线性叙事。同时，合理的组接可以增强情感的表达，强化角色之间的张力，创造节奏变化，控制画面快慢以契合内容情绪。此外，它还能有效引导观众的注意力，突出重点信息，提升整体观看体验的真实感与连贯性。

镜头组接的流畅性与逻辑性

镜头组接的流畅性与逻辑性是视频创作的核心。流畅性体现在视觉连续性上，需要保证画面衔接自然。可通过匹配镜头运动方向、保持主体动作连贯、控制色彩与光线统一等方式实现。比如，前一镜头人物向右出画，下一镜头人物从左入画，能增强画面的连贯感。

逻辑性则关乎叙事的清晰度，因此要依据故事发展脉络安排镜头顺序，符合观众认知规律。不同景别切换要有层次，如以全景交代环境，通过中景展现人物关系，最后用特写刻画细节。总之，镜头组接需兼顾流畅与逻辑，让观众沉浸于故事之中。

用仰视镜头拍摄，凸显大象的高大

镜头语言的叙事功能

镜头语言对情节发展的推动作用

镜头语言是用不同的拍摄方式来讲故事的一种手法。它通过角度、景别、运动和剪辑来表达情绪、展示情节，让观众更容易看懂并被吸引。

比如，以低角度拍摄人物会让人显得更有力量；以高角度拍摄则让人看起来弱小或无助。这些角度能帮助观众更快地了解角色的状态。

特写镜头可以突出表情、动作，让观众看到人物的情绪变化；全景镜头则能展示整个环境，告诉观众故事发生在什么地方。

镜头的移动方式也很重要。推近、拉远、左右移动等不同的方式，能带出紧张、期待或轻松的感觉。

最后，剪辑是否连贯也影响着故事的流畅性。前后镜头衔接自然，观众就能顺畅地跟着剧情走。

镜头语言对塑造人物的作用

镜头不仅仅是捕捉画面的工具，更是刻画人物、展现角色灵魂的画笔。简单地说，镜头语言就像演员的“另一张脸”，能帮助观众深入了解角色的内心世界。下面简单介绍镜头语言对塑造人物的关键作用。

1. 展现性格特征

使用特写镜头能捕捉人物面部表情或细节动作，体现角色性格。比如，直视前方显得自信，低头则可能是害羞。不同的拍摄角度也有不同含义：低角度让人显得强大，高角度则让人显得弱小。

2. 表达情感与心理状态

通过近景或中景镜头，观众可以清晰地看到角色的表情变化，从而感受到他们的情感波动。此外，光影效果也非常重要。明亮的光线通常给人积极正面的感觉，而阴暗的色调则可能暗示角色内心的困扰或困境。

3. 构建人际关系

在人际关系方面，角色的站位、姿态和视线方向能反映他们之间的权力或亲密程度。例如，谁站在前面、谁站在后面，抑或是否面对面，都能传递信息。

镜头语言对营造氛围的作用

镜头语言对氛围的营造具有关键作用，它通过光线、色彩、景别、角度、运动和剪辑等手法，让观众直观地感受到画面中的情绪和环境气氛。柔和的光线和暖色调可以给人带来温馨舒适的感觉，冷色和暗光则可以渲染紧张与神秘的氛围；不同的景别影响情感的表达，如特写可以增强情绪张力，全景可以突出孤独或壮阔。此外，镜头角度也能传递力量或脆弱感，运动方式会影响剧情节奏，剪辑快慢则可控制氛围强弱。这些视觉元素组合在一起，可以构建出富有感染力的画面氛围，让观众更自然地沉浸于影片情境之中。

镜头的节奏与情绪表达

镜头节奏的定义与特点

镜头节奏指的是在视频中，通过镜头长度、切换速度及画面内元素的动态变化来控制和引导观众情绪与注意力的一种手法。简单来说，就是如何安排不同镜头的时间长短，以及它们之间的过渡方式，以创造出特定的观看体验。

镜头节奏的特点主要体现在以下几个方面。

首先，镜头长度直接影响影片的节奏。快速剪辑短镜头通常用于制造紧张、兴奋或混乱的气氛，比如动作场面或追逐戏；而较长的镜头则适合表达沉思、平静或者深刻的情感，如人物对话或风景展示。这种长短结合的方式可以帮助导演有效地调整影片的整体氛围。

其次，切换速度也是决定节奏的重要因素。频繁的镜头切换会加快影片的节奏，使观众感到更加紧张、刺激；相反，较少的切换次数和更长的停留时间则有助于放慢节奏，让观众有更多时间去感受和思考画面内容。

此外，画面内的动态元素也对节奏有影响。这包括角色的动作、摄像机的移动（如推拉摇移）甚至是光影的变化等。例如，在一个静态场景中突然加入快速移动的角色或摄像机追踪拍摄，可以瞬间提升画面的活力，改变整体节奏。

最后，音效和音乐虽然不属于纯粹的视觉元素，但它们与画面紧密配合时，能够显著增强节奏效果。快节奏的背景音乐配合快速剪辑的镜头能极大地提升影片的紧张感，而舒缓的旋律搭配长镜头则可以营造出宁静和谐的氛围。

镜头节奏对情绪表达的作用

慢节奏的镜头通常用于表达平静、舒缓、深沉的情绪。比如，在表现美丽的风景时，可以用长镜头慢慢地展示山川的壮丽、河流的蜿蜒，让观众有足够的时间去感受，从而产生一种宁静、祥和的情绪。在表现人物内心深处的情感时，也可以用慢节奏的镜头，比如一个特写镜头，长时间地注视着人物的眼神，让观众能够深入到人物的内心世界，感受他们的喜怒哀乐。

快节奏的镜头则更适合表达紧张、刺激、兴奋的情绪。在表现欢快的场景时，可以用快节奏的镜头，比如婚礼上的欢声笑语，就可以用快速的镜头切换，来捕捉每一个精彩的瞬间，让观众感受到喜悦和兴奋。

除了快慢，镜头节奏的规律性也会影响情绪的表达。有规律的节奏，给人一种稳定、舒适的感觉，而无规律的节奏，则会给人一种不安、焦虑的感觉。比如，在表现人物的焦虑情绪时，就可以使用忽长忽短的镜头，打破正常的节奏，来营造一种不安定的氛围。

在拍摄演唱会场景时，适合用快节奏表现